Das Märchen der sauberen Wahrheit in der Rhetorik 2100

Von Halbwahrheit, Unwahrheit, Lüge

Horst Hanisch

Bibliografische Information der Deutschen Nationalbibliothek: Die Deutsche Nationalbibliothek verzeichnet diese Publikation in der Deutschen Nationalbibliografie; detaillierte bibliografische Daten sind im Internet über dnb.dnb.de abrufbar.

Aus Gründen der einfacheren Lesbarkeit wird auf das geschlechtsneutrale Differenzieren, zum Beispiel Mitarbeiter/Mitarbeiterin weitestgehend verzichtet. Entsprechende Begriffe gelten im Sinne der Gleichbehandlung für alle Geschlechter.

Idee und Entwurf: Horst Hanisch, Bonn

Lektorat: Annelie Möskes, Bornheim

Buchsatz: Guido Lokietek, Aachen; Horst Hanisch, Bonn

Umschlag: Christian Spatz, engine-productions, Köln; Horst Hanisch, Bonn

Fotos/Zeichnungen: Horst Hanisch, Bonn

Verlag: BoD · Books on Demand GmbH, In de Tarpen 42, 22848 Norderstedt, bod@bod.de
Druck: Libri Plureos GmbH, Friedensallee 273, 22763 Hamburg

ISBN: 978-3-7597-0255-5

Das Märchen der sauberen Wahrheit in der Rhetorik 2100

Von Halbwahrheit, Unwahrheit, Lüge

Inhaltsverzeichnis

Hinleitung zum Ratgeber

„Erzähl mir keine Märchen!"

„Das wunderbarste Märchen ist das Leben selbst."
Hans Christian Andersen, dän. Märchendichter (1805 - 1875)

Das Gute besiegt das Böse

An Silvester 1910 wurde meine Omi, Frieda Maria, geboren. Ungefähr ab Mitte der sechziger Jahre habe ich Erinnerungen an sie und ihre Werke. Sie malte wunderschöne Gemälde, fertigte unzählige Zeichnungen an und schrieb viele Märchen, die sie auch selbst bebilderte.

Sie brachte die meisten Märchen etwa ab 1930 bis 1947 zu Papier. Meiner Omi gelang es trotz intensiver Bemühungen nicht, einen geeigneten Verlag zur Veröffentlichung ihrer gesammelten Märchen zu überzeugen.

Deshalb wechselte Omi die Strategie. Sie war der Überzeugung, dass ich, ihr Enkel, in späteren Jahren durch die Veröffentlichung dieser Märchen ein gutes Einkommen erzielen könnte.

Nun, davon gehe und ging ich allerdings nicht im mindesten aus.

Im Jahr 2015 veröffentlichte ich im Gedenken an meine Omi das Buch ‚Omi hüpf' mal', in dem aus ihrem Leben – und von ihren Märchen – berichtet wird.

In den Märchen sind schriftstellerische Höhepunkte kaum zu erwarten. Nach Angaben meiner Omi dienten die Märchen hauptsächlich dazu, ihren beiden eigenen Kindern, Alfred (meinem Vater) und Edith, vorgelesen zu werden. Also: Eine Mutter schrieb für ihre Kinder.

Auf dem Cover des vorliegenden Ratgebers ist ein Ausschnitt aus der Bebilderung des Märchens ‚Die berauschten Gänse' zu sehen.

Märchen – eine erfundene Erzählung

Ein Märchen gilt als eine fantasievolle, erfundene Erzählung. Märchen leitet sich von ‚Mär' (mittelhochdeutsch ‚maere' für ‚Kunde', ‚Nachricht') ab.

Manche Märchen sollen über 4.000 Jahre alt sein, so wie beispielsweise ‚Rumpelstilzchen'.

Die meisten Märchen sind monarchisch geprägt und zeichnen sich durch eine Moral aus. Das Gute gewinnt über das Böse. Das Geschilderte ‚geschah' irgendwann und irgendwo. Die unschuldige Prinzessin, der forsche Prinz, das Königspaar – fast immer ist jemand aus dem Hochadel eingebunden.

Die unschuldige Prinzessin und der mutige Prinz

Wie prägend der adelige Einfluss in die Sprache genommen hat, zeigt sich in Formulierungen wie: Weinkönigin, Bienenkönigin, Schützenkönig, Lottokönig, Königsdisziplin, Karnevalsprinz – und immerhin – der Traumprinz. Allerdings findet sich der König auch im Wort Ausbrecherkönig.

Der mächtige König und seine schnell handelnde ‚Dame' haben in vielen Kartenspielen einen hohen Wert. Sie sind entscheidend beim strategischen Vorgehen einer Schlacht auf dem Schachbrett.

Fällt die Dame, ist das eine Tragödie. Fällt der König, ist er ‚schachmatt'. Das Wort stammt aus der persischen Sprache ‚schah mat' und bedeutet ‚der König (der Schah) ist geschlagen'.

Das Spiel ist aus. Das Heer hat verloren. Der König hat seine Macht eingebüßt.

Hoffentlich kann sein Sohn, der Prinz, bei nächster Gelegenheit wieder triumphieren.

Die Bezeichnung ‚Prinz' lässt sich nachvollziehen aus dem Lateinischen ‚primus' für ‚der Erste' und ‚princeps' für ‚Ranghöchster'. Er ist in der Hierarchie derjenige, der den König beerben wird.

Viele Mädchen wünschen sich zu Karneval ein Prinzessinnen-Kostüm. Statt Prinzin wird Prinzessin (nach dem Französischen ‚princess') verwendet.

In der Vergangenheit galt die französische Sprache als die der gebildeten Schicht.

Prinzessin ist auch der Kosename für die Tochter oder geliebte Ehefrau. Aus dem Prinzesschen allerdings lugt eine verhätschelte junge Frau hervor, die mit ihrem eigenwilligen Kopf ‚ihre Dinge' durchsetzen will (was ihr in der Regel auch gelingt).

Keine Märchen auftischen

Im realen Leben geht es um konkrete Situationen im Hier und Jetzt. Nicht zwangsläufig muss das Gute gewinnen, sondern die rhetorisch überzeugende Argumentation oder die in der Gesellschaft verankerten Vorurteile.

Lesern und Leserinnen ist bewusst, dass Märchen genau als solche zu betrachten sind. Sie haben mit der Wahrheit nichts zu tun. Natürlich soll hierbei nicht der Aspekt der Moral unterschätzt werden.

Aus dem Erzählten kann beispielsweise gefolgert werden, dass ‚böses' Verhalten nicht zum Erfolg führt. Also soll sich ‚brav' und ‚fair' verhalten werden.

Ein gewisser Lerneffekt ist beabsichtigt. Aber: Führt das ‚saubere' Verhalten zwangsläufig zum Erfolg?

In der Realität dominieren rationale Überlegungen und Vorgehensweisen – und materielles Streben. Wird immer respektvoll, wertschätzend und fair miteinander umgegangen? Werden im gesellschaftlichen und geschäftlichen Umgang nicht auch manchmal ‚Märchen' aufgetischt?

Sollen fantasievolle und kreative Geschichten dazu beitragen, das Zusammenleben zu vereinfachen und/oder berufliche Vereinbarungen leichter zu treffen?

Wird jemandem ein Märchen erzählt – manche sagen sogar ‚aufgetischt' – darf davon ausgegangen werden, dass das Aufgetischte nicht eins zu eins der Wahrheit entspricht. Es wird geschummelt, getäuscht, ja leider muss gesagt werden, auch gelogen.

Nicht umsonst wehrt ein anderer ab: „Erzähl mir keine Märchen!"

Liebe Leserinnen, liebe Leser, der gut gemeinte Appell an Sie lautet: „Lassen Sie sich keine Märchen aufbinden – und schon gar nicht im Berufsleben!

Entlarven Sie diese und kontern Sie unter Beibehaltung guter Umgangsformen. Kehren Sie zur ‚sauberen' Realität zurück."

Der Ratgeber soll Ihnen hierzu einige wertvolle Hinweise geben.

Guten Erfolg wünscht Ihnen

Horst Hanisch

Prolog

Halbwahrheiten und sich ins bessere Licht stellen

„Tiefere Bedeutung liegt in den Märchen meiner Kinderjahre als in der Wahrheit, die das Leben lehrt."

Johann Christoph Friedrich von Schiller, dt. Dichter (1759 - 1805)

Sich das Leben schönreden

Kommen zwei Menschen zusammen und beginnen, sich verbal auszutauschen, wird davon ausgegangen, dass das (Aus-)Gesprochene der Wahrheit entspricht.

Ginge einer der beiden davon aus, mit Lügen konfrontiert zu werden, würde er sehr wahrscheinlich den Dialog meiden wollen. Wer möchte schon angelogen werden?

Es ist ein ehrenvoller Gedanke anzunehmen, dass das Gegenüber weder schwindelt, flunkert oder tatsächlich – bewusst oder unbewusst – Unwahrheiten verbreitet.

Ist dem tatsächlich so? Liegt es nicht jedem – oder zumindest den meisten – Menschen in seiner Natur, sich in etwas besserem Licht zu präsentieren? Will er nicht den anderen überzeugen, begeistern oder beeindrucken?

- „Der gefangene Fisch war sooo lang."

beschreibt der stolze Angler, wobei er mit beiden Händen einen unglaublichen Abstand darstellt, der die Größe des Fisches darstellen soll.

Versucht der Angler dem Zuhörer ein Märchen über seinen heroischen Angel-Erfolg aufzubinden? Freundlicherweise bezeichnet der Volksmund solch eine Beschreibung als ‚Angler-Latein'.

Die lateinische Sprache ist etwas für Akademiker oder anders gelehrte Menschen. Also ist der Angler nicht nur erfolgreich, sondern auch gebildet. Immerhin benutzt er die lateinische Sprache.

Seemannsgarn

Was haben die Seeleute früher nicht alles Unvorstellbares und Grausames erlebt. Riesige Menschen verschlingende Monster, betörende, singende aber hinterlistige Wassernixen, grässliche Ungeheuer aller Art. Kein Wunder, dass es reizt, diese unvorstellbaren und heldenhaften ‚Wahrheiten' zu hören.

Hier wird sogenanntes Seemannsgarn gesponnen, ursprünglich Schiemannsgarn. Das war das Garn, das auf dem Schiff für alle denkbaren Einsätze gebraucht wurde. Es wurde bei gutem Wetter - wenn nichts anderes zu tun war – gesponnen.

Währenddessen wurde sich über Erlebtes oder vermeintlich Erlebtes unterhalten und über alles Mögliche und Unmögliche ausgetauscht. Die Fantasie der Seeleute wurde angeregt und schon entstanden stark übertriebene Geschichten, die mit der Wahrheit nicht mehr allzu viel zu tun hatten.

Harmlose Aufschneidereien

Harmlos wirkende Aufschneidereien gehören zum Alltag vieler Menschen. Das Individuum hat nichts dagegen, bewundert oder gelobt zu werden. Das fördert das Selbstbewusstsein und schmeichelt dem Image.

‚Das tapfere Schneiderlein' (Gebrüder Grimm, Jacob Ludwig Karl, 1785 - 1863 und Wilhelm Carl, 1786 – 1859) brüstet sich, ‚Sieben auf einen Streich' überwältigt zu haben.

‚Und in der Hast schnitt sich das Schneiderlein einen Gürtel, nähte ihn und stickte mit großen Buchstaben darauf':

- „Siebene auf einen Streich!"

Wohl wissend, dass es sich um sieben Fliegen handelte, lässt das clevere Schneiderlein sein Umfeld im Glauben, sieben starke Wüstlinge besiegt zu haben. Es hatte nicht die Unwahrheit gesagt, sondern andere im ‚falschen' Glauben gelassen.

Ist das die Wahrheit, von der gesprochen wird?

Immerhin hat ihm das gewünschte Missverstehen die Hand der Königstochter gebracht. Na bitte!

Gewinnbringende Wahrheit

Ist es so schlimm oder gar verwerflich, die Wahrheit im eigenen Sinn ‚zu beugen'?

Wem ist es zu verübeln, ‚verkauft' sich der Bewerber und die Bewerberin im Vorstellungsgespräch in besten und strahlendsten Tönen? Vergleichbar, wie professionell geschultes Verkaufspersonal die hervorragende Ware oder eine auf den Kunden zugeschnittene Dienstleistung anpreist.

Natürlich wollen Arbeitgeber und Kunden die beste Dienstleistung erwerben. Oder soll die Wahrheit über dem Erhalt des eigenen Lebens stehen?

Darf die Wahrheit gebeugt werden, um sich selbst - oder andere - zu schützen, zum Beispiel unter Folter?

- „Ich werde die Wahrheit schon aus dir rausschlagen."

Steht der Schutz des eigenen Lebens nicht über der Wahrheit?

Übertreibungen, Verschönerung mithilfe einer Foto-App, rhetorische Schönmalerei (Euphemismen) sind allgemein benutzt. Sie sind überall zu erwarten. Sogar sogenannte Notlügen sind gesellschaftlich akzeptiert.

Gibt es denn überhaupt <u>die</u> Wahrheit? Will die Gesellschaft und will der Einzelne die Wahrheit - immer - hören? Oder lässt sich mit kleinen ‚Anpassungen' dieser Wahrheit oftmals besser, harmonischer, friedlicher leben?

Freunden, in der Familie, im sozialen Gefüge, unter den Staaten der Welt?

Die Wahrheit erkennen

Der vorliegende Text führt in die Märchenwelt der vermeintlich echten, der objektiven, der ehrlichen Wahrheit ein. Aufpassen, da manchmal ein Lügen-Märchen erzählt wird, um die Wahrheit anders aussehen zu lassen.

Liebe Leserin, lieber Leser, die Ausführungen sollen helfen zu zeigen, wie ‚wahr' oder ‚unwahr' im rhetorischen Austausch miteinander umgegangen wird.

Die Ausführungen sollen Sie unterstützen, die Tatsachen hinter der märchenhaften Wahrheit zu erkennen, sodass Sie sich selbst ein möglichst ‚sauberes' Bild der Realität machen können.

Frei nach ‚Schneewittchens' Spiegel (Gebrüder Grimm).

- „Spieglein, Spieglein an der Wand, was ist die Wahrheit im ganzen Land?"

Ich wünsche einen guten Umgang im Themenbereich Wahrheit, Halbwahrheit und Unwahrheit

Horst Hanisch

Szenario – Es war einmal ...

Aus dem täglichen Leben

Es war einmal ...

„Das Leben eines jeden Menschen ist ein von Gotteshand geschriebenes Märchen."

Hans Christian Andersen, dän. Schriftsteller (1805 - 1875)

... die sorgenfreie Zukunft

Die vierzigjährige Sonja Kluth besucht ihren Opa Gottfried im Krankenhaus. In den vergangenen Tagen ist sie fast täglich zu Besuch gekommen.

Auf dem Flur begegnet sie dem behandelnden Chefarzt, der sie ernst anschaut. Sonja begrüßt den Chefarzt und stellt die mit Angst belastete Frage:

- „Und, wie lange hat mein Opa noch?", fragt Sonja Kluth besorgt.
- „Höchstens noch 3 bis 4 Tage. Es bleibt nicht mehr viel Zeit."

Sonja Kluth weiß, dass ihr Opa nicht mehr lange zu leben hat. Jetzt ist es also so weit. Es war das eingetreten, was sie lange befürchtete.

Sie strafft ihre Schultern, setzt sich ein unverfängliches Lächeln ins Gesicht. Dann klopft sie an das Patientenzimmer und tritt ein.

Es ist ganz still im Zimmer. Die durch die breiten Fenster fallenden Sonnenstrahlen vermitteln einen beruhigenden, friedlichen Eindruck.

Opa Gottfried scheint geschlafen zu haben. Langsam, mühsam, dreht er seinen Kopf Richtung Tür.

- „Hallo Opa", grüßt Sonja Kluth aufmunternd ihren Opa.
- „Bist du das, Sonja?", fragt Opa schwach.
- „Ja, ich bin es. Wie geht es dir Opa?"

Nach einer kurzen Weile antwortet ihr Opa Gottfried mit flacher Stimme.

- „Mir geht es gut, Sonja. Es geht schon besser."
- „Ein Schritt nach dem anderen", ergänzt er und versucht dabei, aufmunternd zu lächeln.
- „Das freut mich zu hören, Opa", lobt Sonja.

Sie tauscht die mitgebrachten Blumen gegen den verblühten Blumenstrauß aus, den sie vor wenigen Tagen im Zimmer aufgestellt hatte.

- „Wann komme ich wieder nach Hause?", will Opa Gottfried wissen.
- „Bald", antwortet Sonja ausweichend.
- „Was meinen die Ärzte?"
- „Die scheinen ganz zuversichtlich", entgegnet Sonja, wobei sie den Blickkontakt meidet.
- „Ich möchte nach Hause", murmelt Opa Gottfried bittend, fast quälend.

Nach kurzer Zeit hängt er seinem Wunsch an:

- „Was soll ich noch hier?"
- „Ja Opa, es wird schon werden", beruhigt die Enkelin. Wohl wissend, dass die Realität anderes vorsieht.

Sie setzt sich auf den Stuhl neben Opas Bett. Sie schaut ihren Opa aufmunternd an.

- „Bald sitzen wir zusammen auf der Terrasse und trinken eine heiße Tasse Schokolade."
- „Ich freue mich", lächelt Opa müde und streckt seine Hand zur Enkelin aus.

Sonja kommt näher und erfasst die Hand. Sanft streichelt sie die Hand.

- „Versprichst du mir, dass ich bald nach Hause komme?" Opa Gottfried schaut Sonja direkt an.

- „Ich verspreche es", antwortet Sonja mühevoll und mit schlechtem Gewissen, wobei sie einen Kloß im Hals verspürt.

Einige Tränen schießen ihr in die Augen und verwässern den Blick auf ihren im Sterben liegenden Opa.

Realität – Fragwürdige Wahrheit

Wahrheit – Halbwahrheit – Unwahrheit

Die reine Wahrheit

„Schönheit ist Wahrheit. Wahrheit ist Schönheit."

John Keats, engl. Dichter (1795 - 1821)

Wahrheit oder Wahrheiten?

Vor Gericht fordert der Richter gegebenenfalls den Zeugen auf, die Eidesformel zu bestätigen.

- „..., dass Sie nach bestem Wissen die reine Wahrheit gesagt und nichts verschwiegen haben."

Es kann gut sein, dass eine Falschaussage zu einem Fehlurteil führt, weshalb sie unter Umständen strafbar ist.

Der Zeuge ist verpflichtet, die Wahrheit zu sagen, da er ansonsten einen Meineid (falscher Eid) begeht.

In der Medizin ist der Eid des Hippokrates bekannt. Dieser sagt beispielsweise, dass der Arzt dem Patienten nicht schaden will und dass der Arzt der Schweigepflicht unterliegt.

Gibt es mehrere Wahrheiten?

Philosophen versuchen zu klären, ob es nur eine, <u>die</u> eine, Wahrheit gibt, oder ob es mehrere geben kann.

Schaut jemand auf den aktuellen Tageskalender erkennt er beispielsweise:

- „Heute ist der 11. Dezember."

Sofern der Kalender kein falsches Datum anzeigt, handelt es sich um eine, nämlich <u>die</u> Wahrheit.

Es kann nicht gleichzeitig der 11. und der 17. Dezember sein. Aber halt: Es könnte gleichzeitig den 11. und den 12. Dezember geben. Nämlich dort, wo die Datumsgrenze verläuft (180. Längengrad im Pazifik, zwischen Tonga und Samoa).

Demnach kann die Aussage

- „Heute ist der 11. Dezember" wahr und gleichzeitig unwahr sein.

Je nachdem, welches Land der Aussagende in seiner Datumsnennung meint.

Handelt es sich hier um zwei Wahrheiten? Oder gilt die Wahrheit des Datums immer nur auf den Standort bezogen?

Eindeutige Wahrheit

Ein anderer behauptet:

- „Ein Kreis ist rund!"

Bei dieser Aussage scheint es keine Zweifel zu geben. Hätte der Kreis drei Ecken, wäre er kein Kreis mehr, sondern höchstwahrscheinlich ein Dreieck.

Die Form des Kreises ist eindeutig und weltweit festgelegt. Es gibt eine – und nur eine – Wahrheit.

Mehrere Ansichten – und damit Wahrheiten – gibt es vor Gericht. Es kommen zwei Streitende zusammen. Jeder der beiden ist der Meinung, recht zu haben. Jeder der zwei ist der Meinung, seine Aussage entspreche der Wahrheit.

Es ist dann Sache von Anwälten und Richtern, die tatsächliche Wahrheit festzustellen – oder einen Kompromiss zu finden.

Lagen im letzten Fall mehrere Wahrheiten vor?

In vielen gesellschaftlichen Betrachtungen scheint es unterschiedliche Wahrheiten zu geben.

Der Vertreter der Partei A meint:

- „Die Steuern müssen runter, um die Wirtschaft anzukurbeln."

Die Vertreterin der Partei B meint das Gegenteil:

- „Die Steuern müssen rauf, um die Wirtschaft anzukurbeln."

Beide sind felsenfest von ihrer Ansicht überzeugt. Sie sind sicher, dass ihre Meinung die Wahrheit widerspiegelt.

Falsch oder anders?

Im ersten Moment müsste angenommen werden, dass das Gegenteil zu Wahrheit die Lüge sein müsste. Ist das so?

- „2 + 2 = 4." Das ist die Wahrheit
- „2 + 2 = 5." Das ist falsch.

Ist die zweite Antwort demnach eine Lüge? Nein, es kann sich um einen Rechenfehler, eine Unwissenheit, ein Missgeschick handeln. Besser ist es, hier von Unwahrheit zu reden.

Der französische Philosoph Blaise Pascal (1623 – 1662) meinte:

- „Jeder Wahrheit sollte man hinzufügen, dass man sich auch der entgegengesetzten Wahrheit entsinne."

Es stehen auf einer Achse gegenüber:

Die junge Frau fragt ihren Partner:

- „Gefällt dir mein neues Kleid?"
- „Ja, es ist hübsch."

Entspricht diese Antwort der Wahrheit?

Sollte ‚hübsch' für Wahrheit stehen, wäre ‚hässlich' die Unwahrheit.

Der Nachbar schaut über die Hecke. Er sieht die Freundin in ihrem neuen Kleid. Seiner Frau gegenüber bemerkt er:

- „Das Kleid ist hässlich."

Sagte er nun die Unwahrheit? Oder äußerte er seine – subjektive – Wahrheit?

Daraus ergibt sich etwas Eigenartiges:

Auf der einen Seite der Empfindungen steht ‚hübsch', auf der anderen ‚hässlich', was als Gegensatz angesehen werden darf.

Gehen beide Personen von ihrer eigenen Wahrheit aus, ist das Kleid gleichzeitig hübsch und hässlich. Beide Ansichten gelten als Wahrheit.

Das Beispiel des Kleides zeigt, dass es unter Umständen außerordentlich schwierig werden kann, Wahrheit und Unwahrheit zu deuten. Es kann offensichtlich mehrere Wahrheiten zur selben Tatsache geben.

Kein Wunder, dass deswegen immer wieder Unstimmigkeiten und Streitereien entstehen können.

Solche Diskrepanzen können bei gefühlsauslösenden Betrachtungen entstehen.

Bei vielen Eigenschaftswörtern wie schön, groß, lang, schwer und vielen anderen mehr kann jeder Betrachter sein eigenes ‚Bild' und damit seine Wahrheit bilden.

Sind 100 g viel oder wenig? 100 g Kartoffeln? 100 g Edelsteine?

Nun, vom Gewicht sind sie gleich schwer, vom Wert unterschiedlich.

Auch Beschreibungen wie die folgenden können unterschiedlich gesehen werden.

- „Die medizinisch-technische Assistentin beim Arzt arbeitete professionell."
- „Die Wohnung ist dekorativ eingerichtet."
- „Die Speisenauswahl ist ausgezeichnet."

Sobald jemand eine andere Sicht auf etwas hat, nach anderen Werten oder Vorstellungen lebt, oder andere Erfahrungen gesammelt hat, äußert er keine Unwahrheit.

Seine Wahrheit stimmt nicht zwangsläufig mit dem eigenen Gespeicherten überein. Seine Meinung ist nicht falsch, sondern anders. Anders als die Wahrheit des Gesprächspartners.

- „Sie liegen mit Ihrer Betrachtung falsch." Nein.
- „Ich habe eine andere Ansicht als Sie." Ja.

Halbwahrheit

Auf der Achse mit den Polen Wahrheit und Unwahrheit muss noch die Halbwahrheit eingeordnet werden.

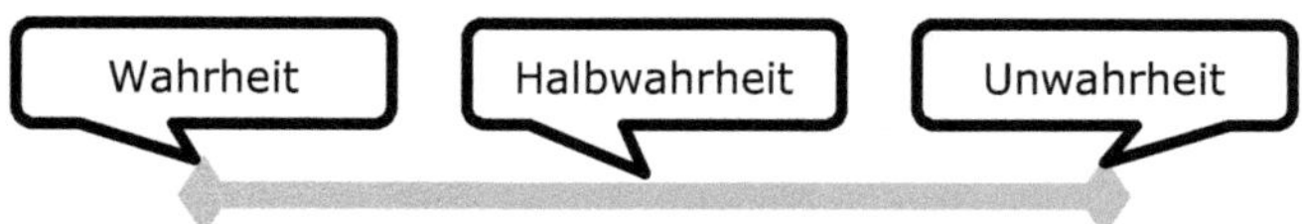

Wie kann etwas halb wahr sein?

- „2 + 2 = 4. 2 + 2 = 5. Kompromiss: 2 + 2 = 4,5."

Entspricht das der Halbwahrheit?

Halbe-halbe meint genau die Hälfte. Wie sähe das beim Kleid aus? Hübsch versus hässlich. Die Hälfte ist ... nett?

Manche bevorzugen statt Halbwahrheit den Begriff Teilwahrheit. So muss die Halbwahrheit nicht mathematisch genau zwischen Wahrheit und Unwahrheit liegen, sondern irgendwo dazwischen.

Eine Teilwahrheit kann demnach ein 1/3, 1/4 oder 3/4 oder einen anderen beliebigen Teil der Wahrheit ausmachen.

Erzählt jemand die Teilwahrheit, bleibt es ihm überlassen, wie viel er mitteilt und was er lieber für sich behält.

Jemand berichtet etwas. Der Empfänger geht davon aus, dass nur ein Teil der Information der Wahrheit entspricht. Ist das nicht eine eigenartige Kommunikation?

Es ist natürlich möglich, dass die berichtete Teilwahrheit als solche 100-prozentig wahr ist. So hat der Redner keine Unwahrheit geäußert. Allerdings ließ er einen Teil der Wahrheit außen vor. Somit hatte er nicht die komplette Wahrheit geäußert.

Ehrlichkeit und Wahrheit

- „Ehrlich gesagt …“, so leitet eine Führungskraft im Team-Meeting ihren Beitrag ein.

Ist es notwendig zu betonen, dass das folgende Ausgesprochene ‚ehrlich‘ ist? Sind Aussagen ohne die eröffnende Phrase automatisch ‚unehrlich‘?

Es ist vollkommen überflüssig, zu Beginn eines Satzes darauf hinzuweisen, dass nun ehrlich gesprochen würde. Davon wird sowieso ausgegangen.

Ist Ehrlichkeit dasselbe wie Wahrheit? Bei genauerer Überlegung stellt sich heraus, dass die beiden Begriffe nicht genau dasselbe ausdrücken, obwohl dieselbe Richtung ausgedrückt wird.

Die Wahrheit ist objektiv und entspricht der realen Wirklichkeit. Sie ist ohne Zweifel, da sie definiert und anerkannt ist.

Ehrlichkeit steht für wahrhaftig, redlich, zuverlässig. Es liegt keine Absicht von Täuschung oder Irreführung vor.

Der Bankberater ist ehrlich, wenn er auf die Vor- und Nachteile, sowie die Kosten und Risiken eines Aktien-Depots hinweist.

Er äußert die Wahrheit, auch wenn er die Risiken nur im Nebensatz erwähnt oder bestimmte Hinweise verschweigt.

In der deutschen Sprache ist das Wort Ehrlichkeit selten verwendet. Es findet sich häufig als Eigenschaftswort wieder. Eine Person <u>sagt</u> die Wahrheit, sie <u>handelt</u> ehrlich.

Aber auch:

- „Ich bin ganz ehrlich zu dir.“
- „Ehrlichkeit ist in der Team-Arbeit vorausgesetzt.“

Die Eigenschaft beim Wort Wahrheit ist ‚wahr‘.

- „Es ist wahr, was ich dir vertraue.“
- „Die Wahrheit offenbart die Fehleranfälligkeit.“

Der österreichische Erzähler Rainer Maria Rilke (René Karl Wilhelm Johann Josef Maria Rilke, 1875 – 1926) behauptete:

- „Nur das Wahre ist groß, das wirklich Ehrliche.“

Aus Schummeln wird Betrügen

Andy trifft sich einmal in der Woche mit seinen drei Freunden zum Kartenspiel. Es geht immer lustig zu. Auch das eine oder andere alkoholische Getränk begleitet die Runde.

Dummerweise neigt Andy dazu, hier und dort beim Kartenspiel zu schummeln. Aus ‚Versehen' nimmt er eine Karte zu viel vom Talon ab oder er verzählt sich ‚mal' bei der Addition seiner Minuspunkte.

Ab und an erwischt ihn einer der Freunde. Andy tut dann überrascht und entschuldigt sich. Zum Ausgleich ‚schmeißt' er eine Runde Schnaps.

Das Schummeln wird nicht sehr schlimm angesehen.

Aber:

- „Unter Freunden wird nicht geschummelt", belehrt ihn einer seiner langjährigen Kumpels.

Andy ist nicht (ganz) ehrlich. Er ist unehrlich. Auf andere Situationen übertragen heißt das, dass Andy betrügt. Das wäre höchstwahrscheinlich nicht mehr nur unredlich, sondern gegebenenfalls sogar strafbar.

Hat Andy es nötig, sogar beim Spiel schummeln zu müssen?

Die nackte Wahrheit

„Wenn die Wahrheit ein Skandal ist,
so geschehe der Skandal, und die Wahrheit werde gesagt."

Ambrosius, Bischof von Mailand
(um 340 - 397)

Die Schönmalerei

Die wenigsten Menschen möchten nackt vor anderen stehen. Die Nacktheit verbirgt nichts – sie beschönigt auch nichts. Sie zeigt den Menschen so, wie er gewachsen ist – in aller Wahrheit.

Übertragen auf die Redewendung

- „Die nackte Wahrheit sagen"

bedeutet, dass alle Fakten ungeschönt und offen auf den Tisch gelegt werden. Es wird nichts vermieden, nichts schöngeredet, nichts ausgelassen.

Oft kommt die nackte Wahrheit einer Offenbarung oder einem Geständnis gleich.

- „Ok", sagt der verzweifelte Ehemann zu seiner ungläubig aber auch kritisch blickenden Ehefrau.
- „Ich werde nichts verheimlichen, das hat sowieso keinen Sinn", windet sich der Ehemann.
- „Ich werde dir alles sagen und nichts auslassen", fügt er gequält hinzu.
- „Ich schildere dir nun die nackte Wahrheit."
- „Ja, dann mach schon!", fordert die ungeduldig werdende Frau ihren Ehemann forsch auf.
- „Lass die Hosen runter!"

Der letzte – bildhaft gemeinte – Appell passt wunderbar zur nackten Wahrheit. Es kann nichts mehr kaschiert werden.

Häufig wird es nicht einfach sein, die absolute Wahrheit zu offenbaren. Speziell dann nicht, wenn vorher gelogen oder gar betrogen wurde.

Die geschilderte nackte Wahrheit informiert den Gesprächspartner nun über jede Kleinigkeit, egal wie unangenehm das Geschehene beziehungsweise Ausgesprochene sein mag.

Kinder und Narren sagen die Wahrheit

In ‚des Kaisers neue Kleidung' (Gebrüder Grimm) wird dieser von Betrügern, die sich als berühmte Schneider ausgeben, schamlos betrogen. Sie behaupten, dass nur intelligente Menschen die teure neue Kleidung wahrnehmen könnten.

Wie sollte der schockierte Kaiser, der nichts erkennen konnte, mit seiner vermeintlichen nicht vorhandenen Intelligenz umgehen?

Er tat so, als bewundere er die nicht vorhandene Kleidung. Sein Hofstaat tat es ihm nach, wollte doch niemand als dumm angesehen werden.

Bei einer Prozession zeigte sich der neu eingekleidete Kaiser seinen Untertanen – tatsächlich nur in Unterwäsche. Auch die Menschen auf der Straße, die die nicht vorhandene Kleidung verständlicherweise auch nicht sehen konnten, lobten diese in allen Tönen.

Nur ein kleines, unschuldiges Kind rief aus:

- „Aber er hat ja nichts an!"

Nicht umsonst heißt es im Volksmund:

- „Kinder und Narren sagen die Wahrheit."

Nichts anderes macht das kleine Kind. Es sagte die Wahrheit – die nackte Wahrheit.

Nach dem Mund sprechen

Im Berufsleben finden sich immer wieder Situationen, in dessen Beschäftigte unkritisch dem Vorgesetzten zustimmen. Dabei scheint es ihnen vollkommen egal, ob die Äußerungen der vorgesetzten Person sinnvoll, plausibel oder gar wahr sind.

Abwertend wird in diesem Zusammenhang von ‚Speichelleckern' gesprochen.

Die Führungskraft freut sich über den Zuspruch und empfindet dem Schmeichelnden ein gewisses Wohlwollen gegenüber.

Es scheint naheliegend, dass eine Bevorzugung gelegentlich als ‚Belohnung' erfolgt.

Wer sich kritisch oder konstruktiv äußert, riskiert genau das Gegenteil. Bedauerlicherweise oft auch dann, wenn die Führungskraft Offenheit und Rückmeldung einfordert, zum Beispiel Sicherheitsstandards einzuhalten.

Durch das zustimmende Schmeicheln wird die Führungskraft in ihren Entscheidungen gestärkt. Sie riskiert – nach und nach – verstärkt das umsetzen zu lassen, was sie (allein) für richtig empfindet.

Eine gewisse diktatorische Richtung ist zu erkennen. Das kann sich nachteilig auf den Unternehmenserfolg auswirken.

Heuchelei – Scheinheiligkeit

Das Wort Heucheln (Hypokrisie) wird üblicherweise dann verwendet, wenn jemand ein Gefühl oder eine Meinung vortäuscht, die er nicht wirklich vertritt.

- „Oh, das tut mir leid!"

Jemand wird durch die Heuchelei ‚hinters Licht geführt'. Ihm wird etwas vorgespielt.

Das Verb heucheln stammt aus dem mittelhochdeutschen ‚hüchen' ab, was so viel wie unterwürfiges ducken und kriechen bedeutet. Die Ähnlichkeit zum oben beschriebenen schmeicheln ist nicht zu verleugnen.

Heuchelt eine Person, wird ihr manchmal nachgesagt, sie sei scheinheilig. Sie lebt ihre Gefühle nicht so, wie sie sie nach außen vermittelt. Vielleicht lebt sie sogar gegensätzlich zu ihren geäußerten Gefühlen.

Das kann beispielsweise bei Personen beobachtet werden, die öffentlich gegen die Prostitution wettern, heimlich aber selbst den Dienst bezahlbarer Frauen annehmen.

Ob es die Person innerlich zerreißt?

Euphemismus – die Schönfärberei

Der Begriff Euphemismus geht auf das griechische Wort ‚euphemia' zurück, das frei übersetzt ‚Worte guter Bedeutung' heißt.

Wird eine Situation, ein Wort oder ein Sachverhalt verbal schöner oder harmloser dargestellt, als es sonst klingen würde, greift der Euphemismus.

Manche übersetzen diesen Begriff auch mit Schönfärberei, Beschönigung oder auch als sogenanntes Glimpfwort (althochdeutsch ‚gilimpf' gleich ‚gelegen sein'). Etwas verläuft ‚glimpflich', in der Bedeutung von ‚ohne großen Schaden' oder ‚angemessen'.

Verständlicherweise kann durch die rhetorische Veränderung eine Begebenheit auch vertuscht werden.

Beispielsweise wird in Berufsleben von ‚verjüngen' oder ‚verschlanken' gesprochen. Jung klingt gut, schlank ebenso. So kann es sich bei den beschriebenen Vorgängen nur um Positives handeln. Wunderbar, es droht keine Gefahr.

Tatsächlich ist gemeint, dass ältere Mitarbeiter durch jüngere ersetzt werden. Oder, dass einige Mitarbeitende entlassen werden, um Kosten einzusparen. Also doch nicht mehr so gut wie anfangs angenommen.

Die Gesichtscreme für die ‚reife Haut' soll ältere Menschen ansprechen. Der (Zu-)Hörer der Schönmalerei kann fast nicht anders, als in eine positive Grundstimmung zu gelangen.

Der Euphemismus deckt die nackte Wahrheit durch eine rhetorische Malerei ab. Er übermalt sozusagen die Nacktheit und lässt die Situation anschaulicher, fast begehrlicher aussehen (oder anhören), als sie in Wahrheit ist.

Das Schöngemalte oder Schöngeredete ist im gesellschaftlichen und beruflichen Umgang gefälliger und hört sich nicht so brutal (und ehrlich) an, wie die nackte Wahrheit.

Euphemismen gehören in der Rhetorik, der Kunst des Redens, zu den ästhetisch anschaulichen Redefiguren, die negative Ausdrücke vermeiden und durch positive Umschreibung ersetzen.

Freundlich wirkende Gewalt

Etwas wird ‚harmloser' dargestellt, als es in der Wirklichkeit ist.

So steht ‚Freisetzung von Mitarbeitern' für die Kündigung.

- „Wir setzen einige Mitarbeiter frei."

Das verkündet der Unternehmer. Das klingt immer noch freundlicher als Kündigung. Für den Mitarbeiter – Schönmalerei oder nicht – hat das dieselben Konsequenzen.

- „Wir werden unsere Kräfte optimieren und uns dabei auf die umsatzträchtigen Standorte konzentrieren."

Hier stehen deutliche Einschränkungen und Entlassungen bevor. Sehr wahrscheinlich werden einige Standorte geschlossen.

Die ‚Reichskristallnacht' schönt die Zerstörung und Plünderung jüdischen Eigentums vom 9. auf den 10.11.1938 (die Nacht der antijüdischen Übergriffe und Zerstörungen, bekannt unter dem Namen Pogrom).

- „Wo ist die Toilette?"

Toilette ist bereits ein Euphemismus, denn es ist eine Umschreibung. Ursprünglich heißt Toilette: Seidentüchlein, mit dem die Person sich erfrischen konnte. Besser:

- „Wo kann ich mir die Hände waschen?"

Im Krankenhaus:

- „Wir nehmen nur einen kleinen Abstrich."

So beruhigt der Arzt den Patienten. Möglicherweise ist hier ein chirurgischer Eingriff mit gesundheitlichem Risiko verbunden.

- „Er ist sanft entschlafen."

Es bedeutet, dass der Betroffene gestorben ist.

Dysphemismus

Das Gegenteil von Euphemismus ist der Dysphemismus, auch Kakophemismus (griechisch ‚dysphemia' sind ‚Worte übler Bedeutung').

Mit diesen Worten werden Dinge oder Themen bewusst negativ dargestellt. Beispielsweise wird abwertend von ‚Hintermännern' gesprochen.

‚Heuschrecken' steht für eine investierende Kapitalbeteiligung mit dem Ziel, ein Unternehmen zu übernehmen und kurzfristig mit Gewinn zu veräußern.

Hüllenlosigkeit verbergen

Selbstverständlich ist jedem freigestellt – das ist auch nachvollziehbar – seine ‚Hüllenlosigkeit' zu verbergen. Ein gesellschaftlicher Schutz ist überlebenswichtig. Nicht umsonst heißt es in der Rhetorik Rede<u>kunst</u>.

Es handelt sich also um eine Art Kunst, etwas euphemistisch ausdrücken zu können. Genauso, wie die meisten Menschen sich schön kleiden, um gesellschaftlich akzeptiert zu werden.

Auch ‚Aschenputtel' (Gebrüder Grimm) erhielt vom Haselbaum auf dem Grab der Mutter am dritten Abend ein ‚prächtiges und glänzendes Kleid' mit goldenen Schuhen, als die junge Frau sich zum Ball des Königssohns davonstahl.

- „Bäumchen rüttel dich und schüttel dich, wirf Gold und Silber über mich!" Was das Bäumchen auch machte.

Aus dem hässlichen, unbeachteten Aschenputtel wird die hübsche, begehrte Angehimmelte.

Dieses Kapitel wird abgeschlossen mit einer Aussage des deutsch-französischen Arztes Albert Schweitzer (1875 – 1965):

- „Jede Wahrheit bedeutet zuletzt einen Gewinn. Unter allen Umständen ist die Wahrheit wertvoller als die Nichtwahrheit."

Also immer bei der Wahrheit bleiben?

Nicht jede Wahrheit aussprechen

Christina von Schweden (1626 – 1689) empfahl:

- „Man soll die Wahrheit sagen, doch nicht jede Wahrheit soll ausgesprochen werden."

Christina, immerhin Königin von Schweden, erkannte sehr wohl ein gewisses Dilemma zum Thema Wahrheit.

Sie meinte, dass die Wahrheit gesagt werden solle. Dieser Auffassung kann weitestgehend zugestimmt werden. Sie ergänzt allerdings, dass nicht jede Wahrheit ausgesprochen werden solle.

Was meinte sie damit?

Im Szenario weiter oben ist Sonja Kluth ihrem im Sterben liegenden Opa gegenüber nicht ganz offen. Tatsächlich spricht sie die traurige Wahrheit nicht aus. Die Wahrheit, dass ihr Opa nur noch kurze Zeit zu leben hat.

Sie ist sich ‚voll' bewusst, dass das Weglassen dieser Information die Wahrheit in einem anderen Licht erscheinen lässt.

Durch die fehlende Aufklärung geht ihr Opa davon aus, bald wieder nach Hause zu kommen, was aber nicht der Fall sein wird.

Sonja Kluth lässt sich sogar zur Unwahrheit drängen, indem sie ein Versprechen ausspricht, das sie nicht einhalten kann.

Dient die übermittelte Wahrheit dem Opa? Wird durch dieses Vorgehen Stress und Angst vermieden? Tut sie etwas Gutes für den Opa?

Notlüge

Die Gesellschaft spricht in solchen Fällen von einer Notlüge.

Der Duden definiert eine Notlüge als eine Lüge aufgrund einer Notsituation (um jemanden zu schonen, etwas Schlimmes zu vermeiden). Das mag in Opas Fall so gewesen sein.

Im gesellschaftlichen Austausch sind Notlügen erlaubt, denn sie erlauben das weitere problemlose Zusammenleben.

Sonja Kluth fürchtet, ihrem Opa durch die ‚volle' Wahrheit zu schaden. Deshalb wählt sie den Weg der Notlüge.

Obwohl bei der Notlüge von einer Lüge gesprochen wird, ist diese akzeptiert.

Ein Körnchen Wahrheit

- „Hast du schon gehört?“

Verschwörerisch nähert sich der Kollege seiner Kollegin.

- „Nein, was meinst du?“, fragt sie neugierig.
- „Naja, der Meyer und die Müller ...“ raunt er der Kollegin leise zu.
- „Nein!“ Die Kollegin führt erschrocken ihre Hand vor den Mund. „Ausgerechnet die beiden.“
- „Das hätte keiner gedacht“, ergänzt der Kollege.
- „Na, ich weiß nicht. Die beiden waren oft zusammen zu sehen. Jetzt ist auch klar, wieso.“

Fast ‚geifernd‘ reibt sich die Kollegin die Hände.

Gerücht

Dieser Austausch baut offensichtlich auf einem Gerücht (mittelniederdeutsch ‚geruht‘, ‚gerüht‘) auf.

In der französischen Sprache wird gerne ‚Ondit‘ gesagt, was frei übersetzt ‚man sagt‘ bedeutet. Das ‚man‘ drückt eine unbestimmte Person oder eine nicht definierte Gruppe aus.

Ein Gerücht ist eine unverbürgte Nachricht. Es baut auf Annahmen auf und verbreitet sich schnell. Besonders dann, wenn es sich um anstößige Themen handelt.

In der Regel erfahren die Betroffenen vom Gerücht als letzte, manchmal gar nicht.

Durch das ‚hinter der Hand‘ Weitergetragene färben subjektive Erfahrungen und Meinungen den Inhalt – damit die Bedeutung – des Gerüchts ein. So wird manchmal ‚aus einer Mücke ein Elefant‘.

Unabhängig vom Wahrheitsgehalt, ob gering oder gar nicht vorhanden, tragen viele Menschen dazu bei, ein unbestätigtes Gerücht aufzubauschen und weiterzuverbreiten.

Stellt sich zu einem späteren Zeitpunkt heraus, dass dem Gerücht jegliche Grundlage fehlte, heißt es entschuldigend:

- „In jedem Gerücht steckt auch ein Körnchen Wahrheit."

Diese Behauptung suggeriert, dass an einem Gerücht auf jeden Fall ‚was dran' ist. Das Weitergetragene ist also nicht ganz ‚aus der Luft gegriffen'.

Die Frage ist nur, wie viele Wahrheitskörnchen vorhanden sind.

Durch das Weitertragen des Gerüchts macht (sich) die betreffende Person den Inhalt zur Wahrheit. Sie trägt dazu bei, dass das Gesagte sich zur – möglicherweise unwahren – Wahrheit aufbaut beziehungsweise aufbauscht.

Wer klarstellen möchte, dass er das Berichtete nicht der Wahrheit entsprechend einschätzen kann, sagt:

- „Laut Gerüchten sollen der Meyer und die Müller ..."

Durch diese Formulierung macht der Sprecher den Inhalt nicht zur Wahrheit.

Das Weitererzählen trägt allerdings dazu bei, dass andere das Gesagte als Wahrheit verstehen können.

Fake News

In Zeiten der verstärkt auftretenden Fake News, den Möglichkeiten, die die Künstliche Intelligenz (KI) anbietet, Bilder, Audios, Texte und Videos fast beliebig und wenig kontrollierbar zu verfälschen, sollte noch sorgsamer mit Gerüchten umgegangen werden.

Am besten wäre, würde sich der oben erwähnte Kollege ganz zurückhalten. Er muss das Gerücht nicht an seine neugierige Kollegin weiterverbreiten. Egal, wie ‚reizvoll' der Inhalt ist.

Das Körnchen Wahrheit im Gerücht könnte sein, dass sich Herr Meyer und Frau Müller als Kollegen tatsächlich auf dem Flur trafen. Vielleicht verstehen sie sich auch gut.

Alles andere ist dazugedichtet.

Wer ein Gerücht hört, kann sich die Mühe machen, das Körnchen Wahrheit zu finden.

Er könnte beispielsweise den Verbreiter des Gerüchts fragen, woher sein Wissen stammt. Er könnte nach Quellen fragen und nach nachvollziehbaren, objektiven Kriterien.

Sehr schnell wird sich herausstellen, dass seriöse Quellen oder tatsächliches Wissen fehlen.

Gerüchte tragen dazu bei, Halb-Un-Wahrheiten in Umlauf zu bringen. Aus harmlosem Tratsch kann schnell böser Tratsch werden, der für den Betroffenen verletzend ist und der in Richtung Verleumdung tendieren kann.

In den meisten Fällen entsteht Unruhe und dadurch die Störung der betrieblichen Atmosphäre.

Brodelt die Gerüchteküche ordentlich, können bei den Beschäftigten Motivation oder Frustration entstehen. Beide stören Betriebsabläufe und kosten ‚am Ende' dem Unternehmen Zeit und Geld.

Der Volksmund ist der Meinung:

- „Wo Rauch ist, ist auch Feuer."

Er nimmt an, dass in jedem Gerücht ‚ein Körnchen Wahrheit' ist. Das Korn zur Vorverurteilung ist gepflanzt.

Im Wein liegt die Wahrheit

Schon die ‚alten' Römer, wie auch die ‚alten' Griechen wussten, wo die Wahrheit zu finden war:

- „In vino veritas." – „Im Wein liegt die Wahrheit."

Obwohl dieses Zitat in lateinischer Sprache verfasst ist, wird es dem griechischen Lyriker Alkaios (um 630 – um 580 v. Chr.) zugeschrieben.

Von ihm stammen auch die Aufforderungen:

- „Auf Brüder, lasst uns trinken!" und
- „Her mit dem Wein, Bruder schenk ein."

Es scheint zu seiner Zeit sehr gesellig zugegangen zu sein.

Wo liegt im Wein die Wahrheit? Sehr wahrscheinlich ist sie ganz unten im Glas zu finden.

Die dort befindliche Wahrheit ist erst dann zu erkennen, wenn der Wein aus dem Glas geleert – das bedeutet getrunken – wurde. Je mehr Wein genossen wird, desto deutlicher wird die Wahrheit erkennbar.

Tatsächlich verbirgt der Spruch der Wahrheit im Wein, dass der Trinker nach und nach betrunken(er) wird. Der Betrunkene neigt dazu, eher die Wahrheit zu sagen – auch wenn es nur seine subjektive Wahrheit sein sollte –, als zu lügen.

Wer die Wahrheit <u>hören</u> will, muss offensichtlich dazu beitragen, dass der andere viel Alkohol trinkt.

Dann wird auch ihm selbst ‚reiner Wein' eingeschenkt.

- „Ich will dir reinen Wein einschenken", kündigt der alkoholisierte Angeheiterte an.

Das bedeutet, dass er die Wahrheit sagen will. Alkohol lockert bekanntlich die Zunge.

Ob aus dieser Erkenntnis zu ziehen ist, dass in Weinstuben und Brauhäusern die Zecher mehr Wahrheit verbreiten als in einem abstinentem (Verzicht auf Alkohol) Zusammentreffen, mag jedem selbst überlassen sein.

Der Wahrheit ins Gesicht sehen

Ellen schaut in den Badezimmerspiegel. Sie inspiziert genau ihre Gesichtshaut.

- „Ellen", so redet sie sich selbst an, „du wirst alt".

Obwohl sie zweifellos recht hat, schaut sie resigniert hier und dort auf eine kleine Hautunreinheit. Ellen hat ‚der Wahrheit ins Gesicht gesehen'. Der Spruch drückt aus, dass die ‚ungeschminkte' Realität – im wahrsten Sinn des Wortes – erkannt und idealerweise akzeptiert wird.

- „Wir müssen der Wahrheit ins Gesicht sehen", fordert der Unternehmer seine Führungskräfte auf.
- „Unser Markt in Asien bröckelt weg. Die Mitbewerber bieten Preise, bei denen wir nicht mithalten können."

Die Realität wird erkannt und anerkannt. Sie bedeutet nichts Gutes.

Im Umkehrschluss scheint das auszudrücken, dass der Mensch in der Regel geschminkte, geschönte Bilder bevorzugt. Er lässt sich (un-)bewusst die Wirklichkeit schöner darstellen, als sie ist. Er sieht auf das Schönere und übersieht manches Ungewollte.

Wer dann der ‚Wahrheit ins Gesicht schaut' wird – unter Umständen schlagartig – auf den Boden der Tatsachen zurückgezogen.

Das schlägt der Wahrheit ins Gesicht

Etwas ist nachweislich schamlos gelogen. Die Unwahrheit ist so offensichtlich oder unverschämt, dass sie bildhaft gesprochen der ‚Wahrheit ins Gesicht schlägt'.

Der Geschlagene ist entsetzt und im ersten Moment sprachlos. Er muss sich sammeln, bevor reagieren kann.

Der Schlag ins Gesicht entwürdigt den Geschlagenen. Er offenbart eine Unverschämtheit.

Die Wahrheit auf den Kopf stellen

Die Wahrheit präsentiert sich – feststehend und unumstößlich – so, wie es der Wirklichkeit entspricht. Sie steht fest im Leben einer Person.

- „Du bist so dick, weil du viel zu viel Zucker zu dir nimmst", kritisiert Katharina ihre Freundin.
- „Der Mensch braucht Zucker, um sich konzentrieren zu können", versucht die Freundin trotzig zu erklären. „Das weiß doch jeder."
- „Du stellst die Wahrheit auf den Kopf", stellt Katharina unbeirrt klar.
- Katharina ergänzt: „Der Körper braucht jedenfalls nicht diese Menge an Zucker."

Wer die Wahrheit auf den Kopf stellt, behauptet oft Gegenteiliges.

- „Weil unser Unternehmen in der Öffentlichkeit so schlecht dasteht, verlieren wir Kunden."
- „Nein, nein", korrigiert der Kollege.
- „Es ist andersherum. Weil wir so viele Kunden verlieren, steht unser Unternehmen in der Öffentlichkeit so schlecht da."

Manchmal werden Ursache und Wirkung vertauscht. Faktisch kommt es dann zu einer gegenteiligen ‚Analyse'.

Der Volksmund behauptet, die Wahrheit müsste einen harten Schädel haben. Und zwar deswegen, weil sie oft auf den Kopf gestellt würde.

Betrügerische Unwahrheit

Die Lüge

„Nur wenige Menschen sind stark genug, um die Wahrheit zu sagen und die Wahrheit zu hören.“

Luc de Clapiers, Marquis de Vauvenargues, frz. Philosoph (1715 - 1747)

Erzähl-eine-Lüge-Tag

Unglaublich: Tatsächlich gibt es einen ‚Erzähl-eine-Lüge-Tag‘, nämlich am 4. April. Hurra, an diesem - einen - Tag im Jahr darf offiziell eine Lüge erzählt werden.

An allen anderen Tagen des Jahres ist es unerwünscht, verpönt, falsch oder gar strafbar, eine Lüge zu äußern.

Pinocchio würde sich freuen. Pinocchio ist eine hölzerne Märchenfigur des italienischen Autors Carlo Collodi (Carlo Lorenzini, 1826 - 1890), die später zum Leben erwacht.

Bei jeder Lüge, die Pinocchio äußert, wächst seine Nase ein wenig in die Länge.

Na ja, am 1. April darf ja auch das ‚Blaue vom Himmel‘ geholt (gelogen) werden, um jemanden ‚in den April‘ zu schicken.

Der spezielle Erzähl-eine-Lüge-Tag hört sich wie ein guter Vorschlag an.

Es wird doch - je nach Forscher-Ergebnis - unterstellt, dass ein Mensch bis zu 200 mal am Tag die Unwahrheit äußert (Quelle: Professor Peter Stiegnitz, ungarischer Lügenforscher, 1936 - 2017)! 200 Lügen am Tag! Unglaublich!

Bisher wurde beschrieben, wie die Wahrheit umgangen wird, weil der Mensch dann leichter und möglicherweise erfolgreicher durchs Leben kommt.

Tatsächliche Lügen lassen sich in drei Gruppen einordnen:

- 1. Gruppe: Lügen, die bewusst zum eigenen Vorteil geäußert werden.

  Der Lügner weiß, dass er die Unwahrheit äußert, um den Belogenen etwas anderes glauben zu lassen.

  Der eigene Vorteil steht deutlich im Vordergrund. Entstehende Nachteile oder Beeinträchtigungen für den Empfänger sind dem Lügner gleichgültig und werden rücksichtslos in Kauf genommen.
- 2. Gruppe: Lügen, die durch eine nicht gewollte Fehlaussage entstehen.

  Der Sprechende glaubt, die Wahrheit zu sagen.
- 3. Gruppe: Lügen, die aufgrund falsch verstandener Informationen entstehen.

  Der Sprechende übernimmt eine Fehlinformation, die er selbst für wahr hält und weitergibt.

1. Lügen, zum eigenen Vorteil

Der Lügner nimmt bei diesen Lügen in Kauf, den Belogenen in eine unangenehme Situation zu bringen, oder dass er sogar möglicherweise handfeste Nachteile erlebt.

Dass das Gegenüber durch diese Lüge einen extremen Nachteil erleiden kann, wird bewusst und vorsätzlich in Kauf genommen.

Die egoistische Lüge

Zu dieser Gruppe der Unwahrheiten gehört die egoistische Lüge, auch als vorsätzliche oder asoziale Lüge bezeichnet. Hier wird ‚gnadenlos‘ gelogen. Es wird gelogen, bis ‚sich die Balken biegen‘.

Da diese Lügen das soziale Miteinander destabilisieren, werden sie als antisozial (antisoziale Lüge) betrachtet. Wird der Lügner entlarvt, wird das Vertrauen in den Lügner auf immer zerstört.

Teilweise wird beim Lügen so weit gegangen, dass es bis zu einer Intrige kommt.

Eine Intrige, auch Kabale oder Ränke (Ränke schmieden), (lateinisch ‚intricare' gleich ‚in Verlegenheit bringen'), bringt jemanden nicht nur in Verlegenheit.

Da der Intrigant bewusst böswillig vorgeht, kann es sein, dass der Belogene von seiner aktuellen Position verdrängt oder sogar sozial geächtet wird.

Möglicherweise geht der Lügner so weit, dass er jemanden bewusst verleumdet. Eine Verleumdung liegt dann vor, wenn er über eine andere Person wissentlich eine ehrverletzende Behauptung aufstellt.

Der Wolf aus dem Märchen aus ‚Der Wolf und die sieben Geißlein' (Gebrüder Grimm) lügt den verängstigten Geschwistern vor:

- „Macht auf, ihr lieben Kinder, eure Mutter ist da und hat jedem von euch etwas mitgebracht."

Erst im dritten Versuch gelang es den Wolf, die Geißlein mit seiner Lüge – und zu seinem Vorteil – zu überzeugen.

Die parteiische Lüge

Sympathisiert jemand mit der Partei X, wird er Aussagen von Politikern dieser Partei uneingeschränkter – und ungeprüft – zustimmen, als den Aussagen eines Vertreters der Partei Y.

Das gilt auch bei religiöser Zugehörigkeit, bei sozialen Schichten, bei Clans, bei gesellschaftlichen Gruppierungen (zum Beispiel bei Vereinen).

Es entsteht eine Konformität, ein Gruppenzwang, in Art einer ‚Sippenhaft', die ausdrückt, dass alle in einer Gruppe ähnlich denken, handeln und sich verhalten.

Die Beteiligten unterstützen sich gegenseitig, stehen füreinander kritiklos ein und verteidigen sich gemeinsam.

Ähnliches ist in der Familie oder der Partnerschaft zu sehen. Bei ‚Gefahr' von außen wird die Familie vorbehaltlos zusammenhalten.

Nicht nur das Mitglied der sozialen Gruppe wird geschützt, sondern auch der, der sich der parteiischen Lüge bedient.

Die heroische Lüge

Jemand hat eine besondere körperliche Leistung oder auch rhetorische Überzeugung geäußert (zum Beispiel aus einer Minderheit heraus gegen eine Mehrheit argumentiert), die einen deutlichen Einsatz an Mut benötigte.

Der Mutige beschreibt, dass er selbst etwas getan habe, was einem ‚Heldentum' gleichkommt. Dadurch wird er zum Helden.

Durch diese vermeintliche heroische Tat wird er von den anderen bewundert. Seine Achtung, sein Image und seine soziale Stellung steigen aufgrund dieser Bewunderung. Wie schön für den Lügner, sich im Lob und in anerkennender Bewunderung zu baden.

Die Zwecklüge – die Ausrede

Diese Lüge dient der Verfolgung oder Erreichung eines bestimmten Ziels. Um dies zu erreichen, wird die Lüge aufgebaut und exzessiv eingehalten. Trotzdem oder deswegen bleibt sie in der Regel unmoralisch.

In abgeschwächter Form kann sie als Ausrede gelten oder auch als ‚faule Ausrede'.

- „Hast du deine Hausaufgabe gemacht?"

Diese Frage stellt der besorgte Vater seiner am Smartphone spielenden Tochter.

- „Wir haben heute keine Aufgaben bekommen."

Das behauptet die Tochter uninteressiert, ohne die Miene zu verziehen und widmet sich weiterhin ungerührt ihrer Tätigkeit am Smartphone. Sie ‚lügt wie gedruckt' – ohne sichtbares Schuldempfinden.

Der Jäger im Märchen ‚Schneewittchen' (Gebrüder Grimm) hatte Mitleid mit der jungen Frau. Statt sie umzubringen, tötete er einen jungen Frischling und ließ der Königin Lunge und Leber als Beweis der Erfüllung seines Auftrags und seiner Tat zukommen.

Er hat die Wahrheit verdreht, um Schneewittchen zu schützen.

Die pathologische Lüge

Erwähnt werden soll die pathologische Lüge, die durch den zwanghaften (pathologischen) Drang zu lügen entsteht. Sie wird als Pseudologie, Pseudologica Fantanstica (altgriechisch ‚pseudos' gleich ‚falsch') bezeichnet.

Der Betroffene neigt zu krankhaftem und ständigem Lügen. Dabei wird beim Lügen meistens stark übertrieben.

- „Der erzählt ein Lügen-Märchen."

Bestimmt sind auch die Begriffe Lügenbeutel, Lügenbold und Lügenbaron bekannt.

Beim sogenannten Münchhausen-Syndrom handelt es sich um ein Krankheitsbild, bei dem der Patient körperliche Beeinträchtigungen oder Verletzungen vortäuscht oder absichtlich – an sich selbst – hervorruft, um Aufmerksamkeit zu erhalten.

Der britische Psychiater und Mediziner Richard Asher (1912 – 1969) gab dem Syndrom im Jahr 1951 diesen Namen. Lustigerweise wurde dieses Syndrom nach dem Lügenbaron Münchhausen benannt.

Die Unwahrheit wird zur Wahrheit

Hieronymus Carl Friedrich Freiherr von Münchhausen (1720 – 1797) stammte aus einer Adelsfamilie in Bodenwerder im heutigen Niedersachsen. Nach dem Tod seines Vaters trat Münchhausen mit 13 Jahren als Page in den Dienst von Herzog Anton Ulrich von Braunschweig-Wolfenbüttel ein.

Er zog im Jahr 1738 in den russisch-osmanischen Krieg wohl an die osmanische Krim-Festung Otschakow, wo die Lügengeschichte mit der Kanonenkugel entstand.

In diesem Umfeld entstanden auch noch andere, wild erfundene Lügengeschichten, mit denen Münchhausen in den adeligen Familien prahlte. Das verschaffte ihm die – schmeichelhaft gemeinte – Bezeichnung Lügenbaron. Obwohl die blaublütige Gesellschaft ihn bestimmt durchschaute, fand sie die Lügen amüsant. Münchhausen wurde durch diese Gesellschaft hofiert, wobei hinter seinem Rücken bestimmt darüber gelächelt wurde.

Andererseits waren die Adligen ‚wild‛ auf die Lügen-Märchen. Unglaublich: aus der – vermuteten – Unwahrheit wurde Wahrheit.

Die Gesellschaft mochte die Lügengeschichten. Münchhausen war – zumindest anfangs – wohlgelitten.

Erst später und durch seinen jahrelangen Scheidungsprozess verlor er an Ansehen und starb verbittert, der Baron der Lügen.

2. Lügen, durch Fehlaussage

An anderer Stelle wurde bereits über Gerüchte geschrieben. Wer Gerüchte (unkontrolliert) weiterträgt, riskiert, Unwahrheiten weiterzuverbreiten. Die dann entstehenden Lügen gehören in diese 2. Gruppe.

Unfallzeuge

Der Unfallzeuge will die Wahrheit schildern. Er wird gefragt:

- „Welche Farbe hatte das Fluchtauto?‟

Der den Unfall aufnehmende Polizist schaut den Zeugen aufmerksam an. Der Zeuge überlegt genau und antwortet:

- „Hm, ich denke, es war blau.‟

Ein anderer Zeuge wirft ein:

- „Nein, nein. Das Auto war grün. Da bin ich mir ganz sicher.‟

War das Fahrzeug nun blau oder grün? Oder hatte es eine ganz andere Farbe? Die Zeugen wollen nicht die Unwahrheit sagen. Sie äußern die Erinnerungen, die ihr Gehirn ihnen vorgibt. So kann es sein, dass gegenläufige Aussagen entstehen. Um nicht ungewollt eine Unwahrheit zu verbreiten, beschreibt der Zeuge seine Beobachtung am besten wie folgt:

- „Wenn mich meine Erinnerung nicht trübt, war das Auto grün.‟

Oder:

- „Ich glaube mich zu erinnern, ein grünes Auto gesehen zu haben.‟

Bedauerlicherweise spielt das Gedächtnis seinem Träger hin und wieder einen Streich. So hat es Wahrnehmungen gespeichert, die, verglichen mit der Realität, nicht oder nicht ganz deckungsgleich sind.

3. Lügen, aufgrund falscher Information

Bei dieser Gruppe trägt jemand sein echtes oder scheinbares Wissen weiter, das nicht mit der Realität (Wahrheit) übereinstimmt. Die Person ist sich der Unwahrheit nicht bewusst. Aus ihrer Sicht vertritt sie die Wahrheit. Unbeabsichtigt und ungewollt verbreitet sie damit eine Lüge.

Weiter oben wurde angenommen, ein Mensch äußere 200 Lügen am Tag. Die hier genannten Beispiele zeigen, wie schnell jemand – manchmal ungewollt – eine ‚andere' als die objektive Wahrheit äußert. Wer absichtlich lügt sollte daran denken:

- „Das Leben einer Lüge lebt nicht lang." Und:
- „Wer einmal lügt, dem glaubt man nicht, und wenn er auch die Wahrheit spricht."

In der Fabel ‚Der Hirtenjunge und der Wolf' (Äsop, gr. Fabeldichter im sechsten Jahrhundert vor Christus) langweilt sich der Hirtenjunge beim täglichen Hüten der Schafe. Er will Aufmerksamkeit erregen und ruft eines Tages laut „Wolf!". Die herbeieilenden Dorfbewohner bemerken schnell, dass sie hereingelegt wurden. Dasselbe geschieht einige Zeit später erneut.

Beim dritten Mal kommt kein Dorfbewohner mehr. Aber: Der Wolf hatte tatsächlich zugeschlagen, ein paar Schafe gerissen und der Hirtenjunge hatte sein Leben verloren.

Weiterhin lohnt es sich, auf die Länge der eigenen Beine zu schauen. Heißt es doch:

- „Lügen haben kurze Beine."

So schnell der Lügner noch wegrennen möchte, die Wahrheit holt ihn früher oder später ein. Deshalb am besten sich immer wieder vor Augen halten:

- „Ehrlich währt am längsten."

Aufgezwungene Wahrheit

„Wenn das Gehirn kein Korn sät, pflanzt es Disteln."

George Herbert, engl. Dichter (1593 - 1633)

Gehirnwäsche

Das Gehirn, genauer das Gedächtnis, kann dem Menschen nur das wiedergeben, was ihm selbst früher einmal eingegeben/eingebläut wurde. Die meisten Schüler und Schülerinnen können ein Klagelied davon singen, wie schwierig es oft ist, zu Lernendes ins Langzeitgedächtnis zu übertragen.

Das Gehirn kann gespeicherte Wahrheiten miteinander kombinieren und so zu neuen Erkenntnissen gelangen. Je mehr Informationen gespeichert sind, desto höher die Wahrscheinlichkeit, vorteilhafte Lösungswege zu finden.

Eine altbekannte Lerntechnik ist, das zu Lernende immer und immer wieder zu wiederholen. Früher oder später wird das Wiederholte im Gedächtnis hängenbleiben.

Dort wird es als Wahrheit gespeichert. Bei Bedarf kann diese Wahrheit wieder abgerufen werden.

Diktatorische Wahrheit

Manche Verantwortliche einer Diktatur sorgen unter anderem durch die ständige Wiederholung von vermeintlichen Wahrheiten, diese ins Gedächtnis der Bevölkerung zu bringen.

Nicht übereinstimmende Wahrheiten in der Gedankenwelt der Bürger und Bürgerinnen werden dadurch nach und nach (aus-)gewaschen.

Nicht umsonst wird manchmal von einer Gehirnwäsche gesprochen. Das Alte muss raus, dass Neue muss rein. Und das klappt aufgrund der ständigen Wiederholungen.

Es funktioniert auch deswegen, weil die anderen Personen in derselben Gesellschaft gleichzeitig manipuliert werden.

Die Gruppe, in der sich der Einzelne bewegt, entwickelt in ihrer eigenen Blase eine neue Wirklichkeit. Die Beteiligten dieser Blase blähen sozusagen ihre Wahrheit gegenseitig auf. Sie bestätigen sich selbst immer mehr.

Der Einzelne zieht die eigene Wahrheit nicht in Zweifel, da die neue Wahrheit nun mal zu seiner Wahrheit, und damit zu seinem Leben, wurde.

Das funktioniert weiterhin so gut, da sich der Einzelne mit der neuen Wahrheit von Andersdenkenden abwendet.

Gleichzeitig wird die Einstellung bekräftigt, dass alles, was der neuen Wahrheit nicht entspricht, falsch sein muss. Kritisch kann es werden, wenn das Individuum aufgrund seiner eingepflanzten Wahrheiten fanatisch wird.

Die Situation ist nicht nur falsch, sondern auch gefährlich. Dieser empfundenen feindlichen Einstellung muss – aus Sicht des Gehirngewaschenen – unbedingt entgegengewirkt werden. Sie muss mit allen Mitteln vermieden und gegebenenfalls auch bekämpft werden.

Die eigene, aufgezwungene und mittlerweile übernommene Wahrheit wird ‚bis aufs Blut' verteidigt.

Die aufgezwungene Wahrheit hat viele Disteln wachsen lassen, die eine Annäherung anderer Meinungen erfolgreich verhindern.

Wird ein Mensch von klein auf mit diesen Disteln ‚verseucht', kann er kaum von einer anderen Wahrheit überzeugt werden. Die Gehirnwäsche greift, die Diktatoren wringen begeistert ihre Hände und beglückwünschen sich zu ihrem Erfolg.

Optimierung – Die akzeptierte (Un-)Wahrheit

Wahrheit erzeugt Hass?

Je wahrer, je ungemütlicher?

„Wahrheit schafft Hass."

Terenz, (Publius Terentius Afer), röm. Dichter (195 - 159 v. Chr.)

‚Gebeugte' Wahrheit schafft Frohsinn?

Das Wort ‚Wahrheit' ist positiv beleumundet. Nun behauptet der schon lange verstorbene römische Dichter Terenz, Wahrheit schaffe Hass.

Die positiv bewertete Wahrheit soll Hass erzeugen? Ist das nicht weit hergeholt?

Eine kleine Notlüge ist doch gesellschaftlich erlaubt, oder? Oder wie sieht es mit einer Lüge zum Selbstschutz aus, um sich selbst in gewissem Rahmen abzuschirmen?

Gilt das Schummeln bereits als ‚Beugen' der Wahrheit? Und wie sieht es schließlich in der Werbung aus? Wird dort nicht manchmal bei der Darstellung gemogelt oder werden unangenehme Angaben weggelassen?

Offensichtlich hilft die kleine Unwahrheit dem Zusammenhalt im gesellschaftlichen und beruflichen Miteinander. So stellt sich die Frage: Bis wann hilft die Lüge/Unwahrheit dem sozialen Zusammensein? Ab wann bewegt sich der Lügner im strafrechtlichen Bereich?

Und noch zwei weitere Fragen stellen sich: Kann der Mensch ohne Lügen überhaupt leben? Ist es denkbar und vorstellbar, immer die Wahrheit zu äußern?

Oder ist es gar so, dass der Mensch in manchen Situationen angelogen werden will? Beugt der Mensch immer deutlicher die Wahrheit, zum Beispiel dank der fantastischen Möglichkeiten der Künstlichen Intelligenz (KI) und der sozialen Medien?

Lügt der Mensch immer mehr, weil er egoistischer wird, oder gehören Lügen zu seiner angeborenen Natur?

Verrohung der Sitten

Bei der Recherche zu diesem Buch behaupten Fachleute wie Laien, eine gestiegene Respektlosigkeit und eine gewisse Verrohung der Sitten festzustellen – mit der Folge zunehmender Unwahrheiten, wie bei vielen Fake News zu sehen ist.

Wird die Menschheit immer unehrlicher und egoistischer und auf das eigene Wohl ausgerichtet? Baut sich verstärkt Neid, Eifersucht und Hass auf?

Und belügt der Mensch nicht nur andere, sondern sich auch selbst, um sich in einer besseren Welt zu wähnen? Baut er sich möglicherweise sogar eine eigene Lügenwelt auf?

Welche ungemütliche, ja grauenvolle Vorstellung. Hat Terenz recht mit der Behauptung, Wahrheit schaffe Hass? Dann müsste es im Umkehrschluss bedeuten, dass Unwahrheit/Lüge zu ‚Frohsinn' führt.

Immer nur die Wahrheit im Selbstversuch

Ein reizvoller Gedanke: Immer nur die Wahrheit sagen.

Der deutsche Journalist Jürgen Schmieder (*1979) hat im Jahr 2010 in einem Selbstversuch versucht, 40 Tage lang nur die Wahrheit zu sagen.

In einem Interview mit ‚Pflichtlektüre' bemerkt Schmieder, dass manche Leute, denen die Wahrheit gesagt wurde, beleidigt waren.

Er sagt, dass er heute schätzungsweise statt 200-mal am Tag nur noch 150-mal lügt, was er selbst als noch schlimm genug bezeichnet.

Der Selbstversuch zeigt, dass ein Einzelner in seinem sozialen Umfeld auf Dauer nicht geduldet würde, äußerte er ständig nur die Wahrheit.

Offensichtlich stört die Wahrheit an manchen Stellen oder zu manchen Zeiten das friedliche, harmonische gemeinsame Zusammensein.

Immer nur die Wahrheit im täglichen Leben

Was, wenn die geäußerten Wahrheiten gar keine Lügen-Wahrheiten sind, sondern tatsächlich den Gegebenheiten entsprechen? Und zwar immer, Tag für Tag.

Hier folgt die wahre Geschichte eines (damals) etwa zehnjährigen Jungen, der Timm genannt werden soll.

Timm ist von Geburt an autistisch veranlagt. Es ist ihm nicht möglich, Unwahres zu sagen. Er kann nicht lügen. Er kann immer nur die Wahrheit sprechen. Das klingt unglaublich – ist aber wahr.

Das heißt aber auch, dass er von anderen Geäußertes ausschließlich als Wahrheit deutet. Er kann Gelogenes und Unwahres nicht erkennen.

Aufgrund seiner Art ist er extrem laut und direkt in seinen Äußerungen. In aller Öffentlichkeit vermerkt er lautstark seine Beobachtungen. Diese sind – verständlicherweise – nicht immer sehr schmeichelhaft.

Oft ist solch eine Situation sehr peinlich für die Eltern. Viele Passanten werfen kritische Blicke auf Timm und blicken anschließend tadelnd auf die Eltern. Nach dem Prinzip:

- „Wie kann sich das Kind so danebenbenehmen?"

In seiner Unbedarftheit ist es Timm nicht möglich, sein Verhalten zu reflektieren. Er kann auch nicht nachvollziehen, weshalb er die Wahrheit nicht aussprechen darf.

Wird in Zukunft sein soziales Umfeld sein Verhalten, immer und überall die Wahrheit auszusprechen, kritiklos akzeptieren? Sehr wahrscheinlich sieht Timm einer sehr herausfordernden Zukunft entgegen.

Von der Gesellschaft verbannt

Das zwischenmenschliche Zusammenleben würde bei ständiger Wahrheit außerordentlich schwierig bis unmöglich. Endlose Zwistigkeiten, Streitereien, Kriege würden entfacht. Freundschaften und Partnerschaften würden in Kürze in die Brüche gehen.

Arbeitsverhältnisse zwischen Chef und Mitarbeiter, unter den Kollegen, zwischen Verkäufer und Kunden würden letztlich unmöglich.

Wer immer die Wahrheit sagt, würde von der Gesellschaft ausgeschlossen.

Dieses Vorgehen ist also auf Dauer keine Option. Demnach muss – in gewissem Rahmen – die Wahrheit in den Hintergrund geschoben werden.

Flirt

Schon bevor zwei Menschen miteinander zu tun haben, beginnt der Einsatz der ‚Beschönigung' der Wahrheit.

In Partner-Tausch-Börsen und auf Flirt-Portalen machen sich zig Tausende User täglich jünger, hübscher und attraktiver, als sie tatsächlich sind.

Wer die Angaben auf den sozialen Partner-Vermittlungs-Foren untersucht, wird feststellen, dass Angaben zum Gewicht manchmal ‚geschönt' sind oder bei der Altersangabe etwas nach ‚unten' (‚jünger') gemogelt wird.

Einige Angaben sind nicht ganz ehrlich, was bedeutet, sie sind unehrlich. Nicht jeder Suchende wird sofort angeben, ob oder dass er (noch) verheiratet ist. Er lässt die Information ganz aus oder verschweigt sie. Dann liegt zumindest keine Lüge vor – oder doch?

In den sozialen Medien finden sich Milliarden Fotos von Personen, die als ‚zufällig aufgenommen' gelten. Tatsächlich haben sich die Aufgenommenen in Pose gesetzt.

Wird hier die Wirklichkeit abgebildet? Nein, es sind in der Regel ‚gestellte' Bilder, die Harmonie, Erfolg, Sorglosigkeit, Luxus und so weiter ausdrücken sollen.

Täglich kommen massenhaft manipulierte Fotos hinzu.

Nicht mehr zählbare Menschen wollen ihr optisches Aussehen deutlich verschönern. Sie lassen sich Chemie spritzen oder nehmen Medikamente ein, lassen die Haut straffen, die Lippen füllen und so weiter.

Sie wollen anders, genauer gesagt attraktiver, aussehen, als es die Natur für sie vorgesehen hat.

Ein unüberschaubares Riesenheer von Schönheits-Chirurgen, Tonnen von Cremes und Tinkturen sowie andere scheinbare Zaubermittel warten auf diese nach vollkommener Schönheit strebende Kundschaft.

Es ist nachvollziehbar, will der Mensch hübscher wahrgenommen werden, als es von Geburt an zugedacht ist.

Der Schöne wird oft erfolgreicher und hat es leichter im harten Berufsleben. Schönheit wird häufig gleichgesetzt mit Erfolg.

Vergleichbares gilt bei einem Flirt. Hier stellen sich die Flirtenden begehrenswert dar. Sie möchten positive Aufmerksamkeit erregen.

Das komplette Auftreten und Aussehen wird manipulierend dargestellt, um die Chancen eines Flirtkontaktes zu erhöhen. Das ist gut so.

Kaum jemand würde dieses Verhalten als Lüge bezeichnen, soll doch beim Gegenüber Interesse geweckt werden.

Lookismus – Schönheitsideal

Verständlicherweise kann nicht jeder dem gängigen Schönheitsideal entsprechen. Das wäre gegebenenfalls auch langweilig.

Wer nicht dem gängigen Schönheitsideal entspricht, gerät ins Abseits. Unter Umständen wird negativ über die Person berichtet oder sie wird gemobbt oder gesellschaftlich gemieden.

Das Wort Lookism wird für die systematische Diskriminierung von Menschen benutzt, die aufgrund ihrer äußeren Erscheinung nicht den vorherrschenden Schönheitsnormen entsprechen.

Dabei geht es um die Anpassung des Diskriminierten an das, was von der Gesellschaft als Schönheitsideal gesehen wird. Nur, was gilt als schön? Das entscheidet die Gesellschaft.

Das äußert sich in den Wörtern Schön-/Schlankheitswahn oder auch Körperkult. Dabei darf nicht außer Acht gelassen werden, dass zigtausende Menschen unzufrieden mit ihrer Figur sind.

Die Medien stellen oft das Abbild eines Menschen dar, welches es nur im Ausnahmefall geben mag.

Viele wollen genauso aussehen. Viele schaffen es nicht, mit ihrem eigenen Aussehen zufrieden zu sein.

Die Unzufriedenheit steigt. Bald nagt die Frage, ob nicht eine Absaugpumpe oder ein Messer helfen kann.

Der Besuch beim Schönheitschirurgen bringt manchmal den gewünschten Effekt. Manchmal allerdings auch nicht – und dann ist die Enttäuschung oder der Schaden – sehr groß.

Millionen Menschen greifen tagtäglich zu Cremes, Gels oder Tinkturen. Diese Mittel sollen helfen, Falten zu verbergen, die Haut jünger aussehen zu lassen, den Menschen – subjektiv – positiv zu ändern.

Demnach: Wer dem Schönheitsideal nicht entspricht, hat in großen Teilen der Gesellschaft mit Nachteilen zu rechnen. Oder anders ausgedrückt: Menschen, die nach den gängigen Idealvorstellungen gewachsen sind, haben eindeutige Vorteile.

Es gehört für manchen Menschen Stärke dazu, die Wahrheit des eigenen Aussehens zu akzeptieren.

Ins ‚bessere Licht' stellen

Natürlich ist es legitim, sich ins bessere Licht zu stellen. Wer würde im Bewerbungsgespräch alle seine Schwächen und fachlichen Nachteile in den Vordergrund eines Gesprächs stellen?

Im weitesten Sinn entspricht ein Bewerbungsgespräch einem Flirt. Das Interesse des Gegenübers soll geweckt werden. Es soll ‚Begehren' auf die angegebene Arbeitskraft entstehen.

Wahrheit in der Werbung

Die Werbetreibenden wissen das, weshalb sie ihre Produkte – verständlicherweise – in höchsten Tönen anpreisen.

- „Wir bieten die beste Lösung."

Kaum ein Superlativ (höchste Steigerungsform) wird ausgelassen:

- „beste, höchste, erfolgreichste, erste, ..."

Klar, dass nicht angegeben wird:

- „Vier andere Anbieter sind günstiger und bieten eine qualitätsvollere Leistung als wir."

Die Werbeaussagen bewegen sich manchmal hart am Rand der Wahrheit. Denn hier werden Erfolge versprochen, die der Realität oft nicht standhalten.

Das ist allgemein bekannt und die Wettbewerbshüter achten auch penibel darauf, dass keinerlei irreführende oder gar falsche Angaben gemacht werden. Der Konsument soll weitestgehend geschützt werden.

Wie sieht es mit der Ehrlichkeit aus?

Nur in Superlativen

Wie werden Dienstleistungen und Waren in höchsten Tönen (auch das ist ein Superlativ) angepriesen?

- „Wir sind in Deutschland die Ersten, die solch ein Produkt auf den Markt bringen."

Und außerhalb Deutschlands?

- „Unser Keks ist der flachste Schokoladenkeks."

Wie sieht es weltweit aus? Gibt es flachere Kekse ohne Schokolade?

- „Wir haben in den letzten drei Jahren unseren Absatz um 11 % erhöht."

Was war vor vier Jahren? Sank der Absatz um 12 %?

- „Wir bieten den exklusivsten Wellness-Bereich in ganz Bayern."

Was ist mit den Wellness-Bereichen in Baden-Württemberg? Wie wird ‚exklusiv' gemessen?

Oder im übertragenen Sinn:

- „Wir haben die längste Theke der Welt."

Das behauptet Düsseldorf und meint die Altstadt.

- „Die westlichste Großstadt Deutschlands."

Aus einer Werbung für Aachen.

- „Der schwärzeste Tag seit Bestehen Deutschlands."

Wahrheit im Tourismus

Auch die Tourismusbranche steht dem Idealbild nicht nach.

Reiseprospekte, gedruckt oder online, zeigen saubere und endlos lange, weiße Strände unter strahlendem, sonnigem Himmel. Gut gelaunte Menschen, verlockende Speisen- und Getränkeangebote, die Aussicht auf kulturelle Besonderheiten und Sehenswürdigkeiten locken und wecken Begierde.

Sieht die Realität genauso wie abgebildet aus?

- „Das Zimmer liegt zur Meerseite."

Toller Blick aufs Meer? Weit getäuscht. Das Zimmer zeigt nur in Richtung Meer. Gegebenenfalls ist der Blick von anderen Gebäuden verstellt.

Wahrheit im sozialen Umfeld

„Zwischen uns sei Wahrheit."

Johann Wolfgang von Goethe, dt. Dichter (1749 - 1832)

Seid nett zueinander

- „Knusper, knusper, knäuschen, wer knuspert an meinem Häuschen?", fragt die Hexe in ‚Hänsel und Gretel' (Gebrüder Grimm).

Sie serviert den verdutzten Kindern Milch und Pfannkuchen mit Zucker, Äpfeln und Nüssen.

Wie die Geschichte für die Hexe und die Geschwister ausging, ist bekannt. Hänsel wurde nicht verspeist. Bruder und Schwester kamen mit großem Schrecken der schlimmen Situation davon.

Wie geht es mit Ehefrau Sofia aus, die ihren Partner fragt:

- „Wie hat dir das Abendessen geschmeckt, mein Liebling?"

So fragt die freundlich schauend, aber leicht nervös wirkende Ehefrau ihren Mann.

Was wird dieser wohl antworten?

- „Hervorragend, wie immer."

Mundet das Essen wirklich immer hervorragend? Immer?

Was soll er auch sonst erwidern? Vielleicht:

- „Es war lauwarm und das Gemüse war lasch."

Wer will sich in Sofia hineinversetzen, wenn sie solch ein Feedback erhält? Es wäre kaum wunderlich, würde sie dann aufbrausend entgegnen:

- „Dann koche dir in Zukunft selbst ein Essen."

Solch ein Risiko will der Partner bestimmt nicht eingehen. Falls das Essen nicht wie erwartet (hervorragend) war, wird er die Zubereitung mindestens als ‚gut' zensieren.

Aber, vielleicht war das Zubereitete tatsächlich hervorragend ...

Um den sozialen Frieden in der Partnerschaft zu halten, ist die eventuelle kleine Schwindelei akzeptiert.

Allerdings wird Sofia nur schwierig bis gar nicht erfahren, wie sie ihre Kochfertigkeiten optimieren könnte. Ihr fehlt das ehrliche Feedback.

Wahrheit unter Nachbarn

Unter Nachbarn zeigt sich ein vergleichbares Verhalten.

- „Wie geht es Ihnen?"

So wird der Nachbar gefragt.

- „Gut."

Geht es ihm wirklich gut oder sagt er das nur, um nicht alle seine Probleme, Herausforderungen und Wehwehchen zu schildern?

Ist der Nachbar an all diesen unschönen Dingen ernsthaft interessiert? Wohl kaum. Er erwartet gar nicht, Schlechtes oder Trauriges zu hören.

Indes ist die Wahrscheinlichkeit hoch, den Nachbarn mit ‚gut' antworten zu hören.

Beide haben sich gegenseitig zu erkennen gegeben und gezeigt, dass sie ‚noch da sind'. Das genügt, die soziale Bindung zu halten.

Wahrheit unter Generationen

- „Wir können dich an diesem Wochenende leider nicht im Altersheim besuchen, liebe Mama. Wir haben so unglaublich viel um die Ohren. Wir sehen uns dann bestimmt nächstes Wochenende. Versprochen."
- „Ja, kann ich verstehen", antwortet die Oma.

Kann sie das wirklich verstehen?

Bei solch einem Dialog scheint das Minimum des familiären Sozialkontaktes angedeutet zu werden.

Zweifelsohne haben die Nachkommen viel zu tun. Schön für sie. Die Oma wartet ‚einfach' eine Woche länger. ‚Sie hat sowieso nichts zu tun', könnte ein Unbedarfter annehmen.

Und vielleicht wartet sie noch eine Woche länger. Wer weiß, was für die Besucher noch alles unerwartet anfällt und erledigt werden muss.

Möglicherweise durchschaut die Oma das ‚Spiel'. Vielleicht nimmt sie den Grund der Absage an, um sich selbst eine nachvollziehbare Entschuldigung zu geben. Machte sie sich selbst etwas vor – des sozialen Friedens wegen?

Taktgefühl

Heuchelei wird als negativ, das Taktgefühl als positiv beschrieben. Jemand ist verstorben. Es wird eine Rede vor den Versammelten gehalten.

Über den Toten wird nichts Böses oder gar Unschönes berichtet. Positive Eigenschaften werden hervorgehoben.

Selbst wenn einer der Trauergäste der Meinung ist, dass das Gesagte nicht stimmt, wird er taktvoll genug sein, die Rede nicht zu unterbrechen und die Trauernden in ihrer Trauer zu kompromittieren.

Fingerspitzengefühl

Um taktvoll zu sein, benötigt es ein ordentliches Fingerspitzengefühl. Früher wurde statt Taktgefühl auch Zartgefühl gesagt. Mit dem anderen oder den anderen soll also zart umgegangen werden.

Begegnet ein Passant einer überdicken Person (nett gemeint: vollschlank) auf der Straße, wird er taktvoll genug sein, dieser nicht nachzustarren.

Konsequenz: Durch Nichts-Sagen oder durch Nicht-Handeln wird in den genannten Beispielen Taktgefühl gezeigt. Unangenehme Situationen werden souverän ‚umschifft'.

Wahrheit Kindern gegenüber

- „Ob das Christkind schon die Geschenke unter den Weihnachtsbaum legte?"

So fragt – etwas scheinheilig – der Vater, der in die freudig strahlenden und erwartungsvoll aufgerissenen Augen der dreijährigen Tochter schaut.

Demnächst erzählt die Mutter dem Kind, dass bald der Klapperstorch ein Schwesterchen bringen wird.

Gut, dass rechtzeitig ein Stückchen Zucker auf die Fensterbank gelegt wurde, um den Klapperstorch zu beauftragen.

- „Das hast du toll gemacht."

Die Mutter streichelt ihre Tochter aufmunternd und lobend über den Kopf. Das Kind hat ein undefinierbares farbenfrohes Gekritzel auf einem Stück Papier produziert.

Das Kind freut sich über die motivierenden Worte – und die Mutter über die Kreativität des Kindes.

Wahrhaft maßlose Übertreibungen

Jemand klagt:

- „Ich habe nächtelang nicht geschlafen."

Dem Zuhörenden ist klar, dass es so wohl nicht war. Hier liegt eine erkennbare Übertreibung vor. Der Gesprächspartner weiß sofort, dass die Angabe nicht stimmt, weil sie nicht stimmen kann.

Die klagende Person hat deutlich übertrieben, um das ungewöhnliche Ausmaß oder ihre extreme Belastung deutlich zu machen.

- „Ich habe den halben Tag auf der Autobahn im Stau gestanden."
- „Da waren in der Fußgängerpassage hunderte Leute mit rosa T-Shirts."
- „Das habe ich dir schon tausendmal gesagt."

Da die Übertreibung erkennbar ist, wird sie nicht als Lüge angesehen. Übertreibungen dieser Art sind gesellschaftlich akzeptiert.

Schmeicheln und Übertreiben

- „Du siehst ja wieder schöner aus als Kleopatra!", so schmeichelt, wohl wissend, dass das vielleicht gar nicht der Wahrheit entspricht, der liebenswerte Mensch.

Die geschmeichelte Person weiß das natürlich auch, fühlt sich aber trotzdem wohl.

Es ist erkennbar, dass hier übertrieben wurde, weshalb diese Art der Äußerungen nicht als Lüge bezeichnet wird – obwohl sie nicht der Wahrheit entsprechen muss!

Diese Kategorie fällt unter die sogenannten weißen Lügen.

Wahrheit im beruflichen Umfeld

„Wer die Wahrheit hat, für den ist Erfolg und Misserfolg dasselbe."
Lü Bu We, chin. Kaufmann
(um 300 - 235 v. Chr.)

Diplomatie

Diplomaten gehen gedanklich so vor, wie es ihr Name bereits ausdrückt – diplomatisch. Das bedeutet, sie verhalten und reden auf internationaler Bühne so, dass es sich für alle Beteiligten gut anhört.

- „Diplomatisch ausgedrückt ..."

Diplomaten zielen darauf ab, die Gesprächsbeteiligten in die möglichst beste Konstellation zu bringen, was oft feinfühliger Kompromisse bedarf. So verliert keiner nach außen sein Gesicht, zumindest nicht das gesamte Gesicht.

In der Diplomatie soll niemand bloßgestellt werden, denn das würde zwangsläufig das Verlieren des Gesichts bedeuten.

- „Wir haben uns darauf geeinigt, die Gespräche fortzusetzen", verkündet der Kanzler vor der Presse.

Das hört sich gut an, bedeutet aber, dass im Gespräch keine Ergebnisse vereinbart wurden. Das wäre aber ungeschickt zu offenbaren, denn es würde zeigen, dass die Gesprächspartner nicht fähig waren, einen kleinsten gemeinsamen Nenner zu finden.

Wird hingegen verkündet, dass die Gespräche fortgesetzt werden, kann augenscheinlich ganz deutlich von einem hervorragenden Ergebnis gesprochen werden. Die Aussage hört sich positiv an. Alle Beteiligten des Austauschs scheinen ja gut gelaunt und erpicht darauf zu sein, weiter miteinander zu reden.

- „Im Deutschen lügt man, wenn man höflich ist." (Johann Wolfgang von Goethe, 1749 – 1832).

Das gilt bestimmt auch für andere Länder. Das ist Diplomatie. Der interkulturelle Frieden ist gewährleistet.

Wahrheit verschweigen

„Die kleine Wahrheit hat klare Worte;
die große Wahrheit hat großes Schweigen.“

Rabindranath Tagore, ind. Dichter
(1861 - 1941)

Verhindern der Wahrheit durch Auslassen, Weglassen oder Nichts-Sagen

Tja, so wie es aussieht, scheint viel Gesagtes in die Kategorie der Unwahrheit zu verschwinden. Wäre es besser, ‚einfach nichts‘ zu sagen? Denn: Wer nichts sagt, kann keine Unwahrheit verbreiten. Oder?

Nun, so ganz stimmt das wohl nicht. Auch etwas nicht sagen kann eine Unwahrheit darstellen? Nun, zumindest kann das Schweigen die Wahrheit in einem anderen Licht erscheinen lassen.

Das ‚andere Licht‘ könnte im Gegenüber eine andere Wahrheit entstehen lassen. Vielleicht wird sogar ein Vorteil suggeriert.

Ein Klumpen Gold – für nichts

Hans hatte sieben Jahre gedient, wollte zu seiner Mutter zurückkehren und forderte deshalb von seinem Herrn seinen Lohn.

Dieser gab ihm ‚ein Stück Gold, das so groß als Hansens Kopf war‘ (‚Hans im Glück‘, Gebrüder Grimm).

Ein Goldklumpen so groß wie ein Kopf. Wow. Der menschliche Kopf wiegt durchschnittlich 6 kg, was nach aktuellem Goldpreis (2024) ca. 420.000 € entspricht.

Hans tauscht den Goldklumpen gegen ein Pferd (ein Pferd für 420.000 €!). Er fühlte sich nicht betrogen. Allerdings hat ihm der Reiter nicht klargemacht, dass das Pferd bedeutend weniger als das Gold wert war. Er hat es ganz einfach verschwiegen.

Nach und nach tauscht Hans sein Erworbenes immer gegen weniger Wertvolles. Am Ende kommt er ‚mit leichtem Herzen und frei von aller Last‘ bei seiner Mutter an. Er ist ‚glücklich wie kein anderer Mensch unter der Sonne‘.

Erzählt das Märchen mit dieser Geschichte dicke Lügen der Protagonisten oder weist es nur auf die zweifelhafte Intelligenz von Hans hin?

Nachrichten der Welt

- „Ich schaue regelmäßig die Abend-Nachrichten und weiß damit, was auf der Welt los ist", behauptet einer.

Die Geschehnisse der Welt in wenigen Minuten? Wie soll das möglich sein?

Schon der Vergleich der Informationen von Sender A mit Sender B zeigt oft verschiedene Darstellungen und damit unterschiedliche Wahrheiten.

Zumindest darüber, welche Nachricht wichtig ist, um das eigene Wissen und die eigene Wahrheit auszubauen.

Es wird unterstellt, dass die Nachrichtenredakteure die absolute Wahrheit vermitteln wollen. Sie wollen die Geschehnisse nicht kommentieren (es sei denn, der Beitrag ist deutlich als ‚Kommentar' oder ‚Meinung' wiedergegeben) und fair sowie unparteiisch berichten.

Höchst wahrscheinlich geschehen auf der Welt täglich so viele berichtenswerte Ereignisse, dass es schier unmöglich wird, diese in wenigen Minuten zu vermitteln.

So bleibt dem Redaktionsteam nichts anderes übrig als auszusortieren, was sendenswert erscheint. Tatsächlich entscheidet also nur eine Gruppe von Entscheidern, was Millionen Menschen sehen und hören werden. Die Verantwortung ist riesengroß.

Das Ausgestrahlte bleibt dank der aktuellen Technik für die nächsten Jahre abrufbar. Damit beeinflusst es auch noch die Zukunft bei möglichen späteren Recherchen.

Ein Geschehnis, über das nicht berichtet wird, ist für den Zuschauer nicht passiert – er weiß ja nun mal nichts davon. Es existiert für ihn nicht.

Glaubt der Zuschauer, sich regelmäßig über alles auf dieser Welt zu informieren, stimmt seine Annahme ganz sicher nicht. Er erhält nur einen klitzekleinen Einblick.

Dieser Einblick formt einen bedeutenden Teil seiner Wahrheit.

Pfiffig wie der Zuschauer ist, schaut er nun verschiedene Nachrichtensendungen an, liest mehrere Tages- und Wochenzeitungen, hat einige Blogs abonniert und recherchiert auch sonst im Internet.

Nun weiß er alles! Nein! Er wird merken, dass er eine Fülle an Informationen erhält, die sich dummerweise manchmal sogar widersprechen.

Widersprüchliche Wahrheiten. Welche Information stimmt? Wem soll er glauben? Er wird sich wohl oder übel seine eigene Meinung bilden. Und die ist und bleibt subjektiv.

Mittlerweile gibt es Menschen, die sagen:

- „Ich schaue gar keine Nachrichten mehr. Die manipulieren sowieso alles. Ich bilde mir meine eigene Meinung.“

Ob dieses Vorgehen hilft, die ‚echte‘ Wahrheit zu erlangen?

Schweigen

- „Reden ist Silber, Schweigen ist Gold“, so heißt es im Volksmund.

Damit wird ausgedrückt, dass es in bestimmten Situationen offensichtlich sinnvoller erscheint, den Mund zu halten.

Die Lehrerin ist aufgebracht und fragt ihre Schüler:

- „Wer hat mitbekommen, dass Jonas das Whiteboard beschmiert hat?“

Keiner der Schüler und Schülerinnen meldet sich. Alle schweigen beharrlich. Somit haben sie eine Chance, dass Jonas nicht bestraft werden kann, da sich kein Zeuge meldet.

Das gilt auch wenn die Lehrerin fragt:

- „Wer hat das Whiteboard beschmiert?“

Jetzt müsste ein Zeuge sogar einen Namen benennen.

Der ‚Whistleblower‘ würde riskieren, aus der sozialen Gemeinschaft (hier der Schulklasse) ausgeschlossen zu werden. Nach einem wohlüberlegten Abwägen der Vor- und Nachteile eines Ausgeschlossenseins wird er höchstwahrscheinlich schweigen.

Das Schweigen hilft der Lehrerin nicht, wohl aber dem Täter – und dem vermeintlichen Hinweisgeber.

Der Verkäufer lobt die neuen PKW in höchsten Tönen. Er verschweigt den relativ hohen Energieverbrauch und den schwachen Wiederverkaufswert.

Die Politikerin lobt die neue Förderung der Digitalisierung an Grundschulen. Sie vermeidet dabei, auf die erwarteten Kosten einzugehen.

In hitziger Diskussion tauschen sich die Führungskräfte über die Einführung eines neuen Stunden-Erfassungssystems aus. Alle bis auf Herrn Mertens sind für das neue System.

Herr Mertens nennt seine Argumente nicht. Er will der folgenden Diskussion aus dem Weg gehen. Außerdem hat er keine Lust, als Außenseiter dazustehen.

Verschweigen

Auch der Angeklagte muss nichts sagen, was sich für ihn zum Nachteil entwickeln könnte. Sagt er nichts, kann er auch ‚nichts Falsches' sagen.

Für die Ermittler wird es umso schwieriger, die Wahrheit herauszufinden.

Am Tag der Trauung wird gefragt:

- „... möge er jetzt sprechen oder für immer schweigen."

Andreas zuckte es in den Fingern. Ihm liegt ein (Ein-)Spruch auf der Zungenspitze. Er hätte schon einen Grund, weshalb die Braut gewarnt werden müsste.

Trotz innerer Zerrissenheit schweigt er, um dem – fraglichen – Glück der beiden Brautleute nicht im Wege zu stehen.

Die Wahrheit wird zur Unwahrheit

Vor dem Altar beteuern beide Brautleute ihre innige Liebe. Sie meinen es ehrlich und drücken damit die Wahrheit aus.

Einige Jahre und einige Krisen später wollen die nun Verheirateten nichts mehr von ihrer gegenseitigen Liebe wissen.

- „Den/die liebe ich schon lange nicht mehr."

Zuerst:

- „Ich liebe dich." Das ist die Wahrheit.

Dann:

- „Ich liebe dich nicht." Das ist auch die Wahrheit.

Aber nun steht die aktuelle Aussage gegenläufig zur Wahrheit vorm Traualtar.

Wurde aus der Wahrheit nun die Unwahrheit? Oder hat sich die Wahrheit ‚nur' gewandelt?

Das, was heute der Wahrheit entspricht, muss es morgen nicht mehr sein: Das bedeutet, dass der Mensch lernen und akzeptieren muss, dass aufgrund der Weiterentwicklung der Menschheit, anderer wissenschaftlicher Erkenntnisse, zusätzlichem Wissen und so weiter einige bisherige Wahrheiten nicht mehr stimmen. Es gelten nun andere Wahrheiten.

Im frühen Mittelalter:

- „Die Erde ist eine Scheibe."

Diese Aussage galt für viele als Wahrheit. Heute:

- „Die Erde ist eine Kugel."

Diese Wahrheit ist wissenschaftlich bewiesen.

Menschliche Wahrheit

„Die einfachste und bekannteste Wahrheit erscheint uns augenblicklich neu und wunderbar, sobald wir sie zum ersten Mal an uns selbst erleben."

Marie von Ebner-Eschenbach, österr. Erzählerin (1830 - 1916)

Subjektive und objektive Wahrheit

- „2 + 2 = 4."

Diese Gleichung wurde festgehalten als die Wahrheit. Sie ist objektiv. Sie ist sachlich, tatsächlich nachvollziehbar und frei aller Vorurteile. Die Objektivität ist belegt und weltweit akzeptiert.

Egal, wo auf der Welt diese Rechenaufgabe gelöst werden sollte, muss sie zum selben Ergebnis führen.

Auch dass 1 Kilogramm genau gleich wiegt, überall auf der Welt, ist vereinbart und definiert. Ein Kilogramm, kein Gramm mehr oder weniger. Das gilt auch für den Metzger, der fragt:

- „Darf's ein bisschen mehr sein?"

Erst im Jahr 1872 wurde auf deutschen Gebieten das metrische System eingeführt. 1 Meter ist ab sofort überall gleich lang. In den Jahrhunderten davor hatte der Meter, je nach Region oder Ort, eine unterschiedliche Länge.

Definiertes und weltweit Festgelegtes gilt als objektiv.

- „Dieser Raum ist 26,4 m² groß."

Sofern die angegebene Quadratmeterzahl stimmt, ist die Angabe objektiv.

Subjektive Wahrheit

Der objektiven Wahrheit gegenüber steht die subjektive Wahrheit. Sie entspricht weitestgehend der Einschätzung des Einzelnen oder einer gesellschaftlichen Gruppe.

- „Das T-Shirt ist hübsch."
- „Nein, ich finde es hässlich."

Bekanntlich liegt Schönheit im Auge des Betrachters. Dabei mögen verschiedene Betrachter unterschiedlich empfinden. Da zeigt bereits, wie hier die Subjektivität zuschlägt.

Der PKW bewegt sich mit 20 km/h durch die Fahrradstraße.

- „Der fährt schnell“, meint ein Fußgänger.
- „Der fährt langsam“, meint ein Autofahrer.

Im täglichen Zwischenmenschlichen werden viel häufiger subjektive Wahrheiten als objektive Wahrheiten geäußert. Da die subjektiven unterschiedlichen Wahrheiten häufiger als die objektiven vorkommen, bleibt es nicht aus, dass Missstimmung, Reibereien und Streitigkeiten entstehen.

Die objektive Größe des Raums von 26,4 m² kann nachgemessen werden, um die Zahl zu bestätigen. Die Wissenschaft ermittelt die Wahrheit.

Nach welchen Kriterien die ‚Hübschheit‘ eines T-Shirts gemessen werden kann, ist nicht festgelegt.

Im objektiven Fall ist klar, welche Wahrheit gilt.

Im subjektiven Fall ist dem nicht so.

Relative Wahrheit

Ob es eine relative Wahrheit gibt ist fraglich. Gemeint ist, dass die vermutete subjektive Wahrheit in Relation zu (anderen) Bezugspunkt entsteht.

Sofia präsentiert Eva einen Stab, den sie waagrecht hält.

- „Eva, auf dem einen Ende des Stabs steht ‚langsam‘. Was steht am anderen Ende?“
- „Schnell“, kommt es Eva regelrecht aus dem Mund geschossen.

- „Wie schnell fährt ein Rennwagen?"
- „Sehr schnell."
- „Dann würde ich ‚sehr schnell' ans Ende setzen, und ‚schnell' etwas verschieben."

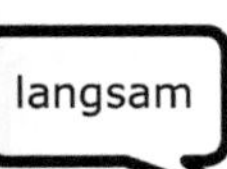

- „In Ordnung."
- „Wie schnell fliegt eine Rakete?"
- „Rasend schnell."
- „Schneller als sehr schnell?"
- „Ja klar."
- „Also so?"

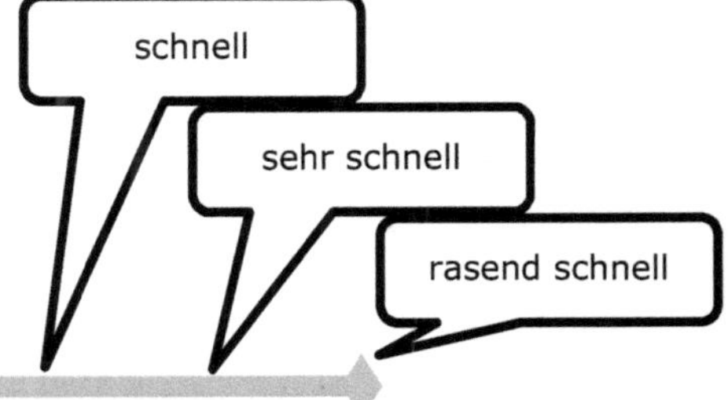

- „Ja, so würde ich es auch sehen."
- „Und nun Eva, wie schnell schießt einen Meteorit auf die Erde zu?"
- „Oh, ich denke unglaublich schnell."
- „Schneller als rasend schnell?"
- „Ja, unbedingt."

o „So?"

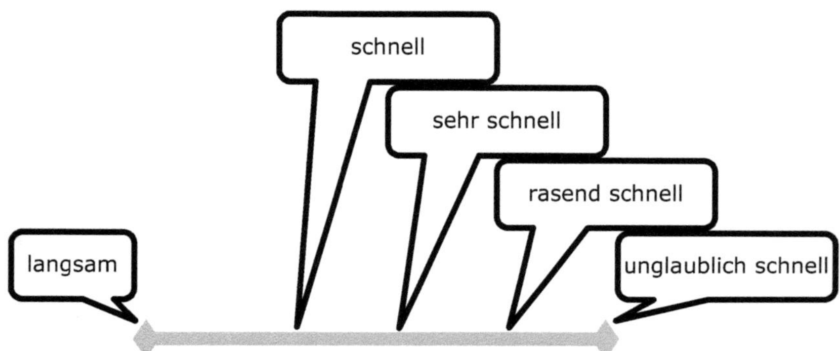

Das Beispiel soll zeigen, dass ‚schnell' nicht einfach ‚schnell' ist, wenn der erwähnte Bezugspunkt (Rakete, Meteorit) fehlt. In Relation zum fliegenden Meteoriten ist die Rakete weniger schnell, vielleicht sogar langsam.

Auf dem waagrechten Stab wird der Abstand zwischen langsam und schnell immer geringer.

Nicht umsonst muss die Aussage

o „er fährt schnell"

sehr subjektiv betrachtet werden.

Selbst bei einer Einschränkung kann dieselbe Aussage subjektiv bleiben.

Beispiel: Thema 130 km/h auf der Autobahn. Einer sagt:

o „130 km/h sind immer noch schnell."

Der andere sagt:

o „130 km/h auf sicherer Fahrbahn sind nicht schnell."

Welche Wahrheit stimmt?

Politiker bringen manchmal Aussagen wie

o „Wir werden schnell reagieren."

Journalisten sind zufrieden, Bürger und Bürgerinnen sind ruhiggestellt.

Was bedeutet diese Aussage tatsächlich? Was meint ein Politiker mit ‚schnell'? Meint er ‚morgen', ‚in einem Monat' oder ‚sobald eine Eingabe im Bundestag umgesetzt werden kann'?

Damit der Journalist sich keine Märchen anhören muss, könnte er nachfragen, was ‚schnell' bedeutet oder wann ‚schnell' sein soll.

Noch kritischer wird es, wenn der Politiker äußert:

- „Wir müssen schnell reagieren."

Auch hier ist die Schnelligkeit nicht festgelegt, was bis wann geschehen sein soll. Weiterhin wird das Wort ‚müssen' verwendet. Dieses drückt lediglich aus, dass etwas geschehen soll. Nicht etwa, dass tatsächlich etwas geschieht.

Gepachtete Wahrheit

Es ist ganz menschlich und nachvollziehbar, dass eine Person ihre eigene (subjektive) Wahrheit mit sich trägt, dieser auch glaubt. Immerhin wird von Wahrheit gesprochen.

Würde der Mensch seiner eigenen Wahrheit nicht glauben, könnte sie nicht mehr seine Wahrheit sein. Anders ausgedrückt, der Mensch glaubt seiner Wahrheit, sonst wäre er in seinem Handeln und Verhalten ständig im Zweifel.

Das ist mit ein Grund, weshalb die eigene Wahrheit anderen gegenüber verteidigt wird – ja fast lässt sich sagen – verteidigt werden muss.

Treffen nun zwei Individuen mit ihrer jeweils eigenen Wahrheit aufeinander, geraten (unter Umständen) nicht übereinstimmende Wahrheiten gegeneinander.

Aus Sicht des Individuums, das nun seine eigene Meinung verteidigt, scheint die andere Meinung des Gegenübers als unrichtig – als falsch.

Eine vergleichbare Sicht hat das Gegenüber. Auch diese Person muss nun aufgrund der eigenen Wahrheit die unterschwellige Wahrheit des anderen infrage stellen.

Und schon steht die Meinungs-Differenz der beiden zwischen dem gemeinsamen und übereinstimmenden Einverständnis.

So ist es verständlich, dass Unverständnis entsteht oder sogar Streitereien bis hin zu Auseinandersetzungen folgen können.

In einer Gesellschaft gibt es bekanntlich viele eigene Wahrheiten. Damit entstehen verschiedene Meinungen zu derselben Situation. Das fordert unter Umständen ‚heiße' Diskussionen heraus.

Das muss nicht schlecht sein, können dort somit verschiedene Aspekte oder – im wahrsten Sinne des Wortes – Ansichten eingebracht werden.

Bei solchen sich ergebenden Konstellationen kann ein konstruktiver Austausch entstehen.

Unantastbare Wahrheit?

So nachvollziehbar es ist, die eigene Wahrheit ‚bis aufs Zahnfleisch' zu verteidigen, sollte es (jedem) klar sein, dass seine Wahrheit nicht die allgemeingültige Wahrheit sein muss.

Der Volksmund warnt:

- „Du hast die Wahrheit nicht gepachtet."

Damit ist gemeint, dass sich jemand natürlich auch täuschen kann.

Das Gedächtnis hat eine andere Erinnerung zugespielt. Oder, sogenannte Wahrnehmung-Verzerrungen (wie eine optische Täuschung) lassen etwas aus einer anderen Perspektive aufnehmen und verarbeiten.

Eine weitere Möglichkeit: Jemand wird unbewusst beeinflusst und wertet das Gelernte/Erfasste/Wahrgenommene gefärbt. So heißt es manchmal, jemand sehe etwas durch eine ‚rosa Brille'. Er betrachtet etwas in positivem Licht so, dass die Realität ‚angepasst' gesehen wird. Er sieht das, was er sehen will.

Jeder könnte überlegen, ob seine eigene Wahrheit wirklich und unumstößlich ist. Diese Vorgehensweise verlangt natürlich Energie und ein eigenes kritisches Reflektieren.

Wer einen unantastbaren Anspruch auf seine Wahrheit erwartet, riskiert, intolerant zu werden, da er andere Meinungen nicht akzeptiert.

Das kann nicht im Sinn einer Person sein, die mit ihrem sozialen Umfeld im Einverständnis leben will.

Also weg von starrem und sturem Festhalten an Bisherigem. Weg mit den einschränkenden Scheuklappen. Lieber offen sein für neue Ideen. Zumindest erst zuhören, bevor entschieden wird.

Künstliche Wahrheit

„Oft behaupten wir Dinge verstehen zu können,
mehr um unserer Intelligenz, als der Wahrheit Ehre anzutun."

Jean Antoine Petit-Senn, schweiz. Lyriker
(1792 - 1870)

Künstliche Intelligenz

Über die Künstliche Intelligenz (KI) wird fast täglich berichtet. Tolle Überlegungen und Planungen ‚ploppen' auf. Bei fast frenetischer Begeisterung auf der einen Seite gibt es massig Bedenken auf der anderen Seite.

Dabei wird immer wieder die Befürchtung geäußert, die Künstliche Intelligenz könn(t)e menschliche Entscheidungen übernehmen, womit der Mensch als solcher auf Dauer überflüssig würde.

Zum anderen stellt sich immer wieder die Frage, inwieweit mithilfe der Künstlichen Intelligenz erstellte Zusammenfassungen, Texte, Audios, Bilder, Videos und so weiter der Wahrheit entsprechen.

Es scheint ein Leichtes zu sein, Prominenten nie ausgesprochene Worte ‚in den Mund zu legen'. Diese geben Schein-Interviews, die in der Realität nicht stattfanden. Sie sind inhaltlich ‚aus der Luft gegriffen'. Sie stimmen nicht mit der Meinung des Prominenten überein.

Durch solche Tricksereien können Unwahrheiten in kürzester Zeit weltweit verbreitet werden – zum Nachteil der Bevölkerung oder bestimmter Gruppen der Gesellschaft. Seit längerer Zeit geistern Begriffe wie Lügenpresse, Alternative Fakten und Fake News durch die Medien.

Lügenpresse

Das Unwort des Jahres 2014 ist ‚Lügenpresse'. Dieser Begriff wurde bereits vor und im 1. Weltkrieg, sowie im Nationalsozialismus verwendet.

2014 brachten in Dresden demonstrierende Bürger diese Bezeichnung wieder auf die Straße und skandierten diesen Begriff, oft ohne die historischen Hintergründe zu kennen.

Wer von Lügenpresse spricht, meint, dass die Presse generell bewusst Falschmeldungen in Umlauf bringt.

Glaubhaftigkeit durch Wiederholung

Nur weil etwas ständig behauptet und damit immer wieder wiederholt wird, wird es nicht wahr(er).

Dank der neuen Angebote der Medien – überwiegend im Internet – ist es problemlos möglich, immer und immer wieder eine Behauptung zu wiederholen, die aufgrund des Teilens und Weiterleitens anderer Nutzer zig tausendfach an die Öffentlichkeit gerät. Die Behauptungen verbreiten sich rasend schnell.

Irgendwann nimmt der unbedarfte Leser/Hörer an, dass die Behauptungen stimmen müssen (weil sie ja überall wahrzunehmen sind).

Sind Behauptungen bewusst verbreitete Lügen, wird von Fake News gesprochen.

Falschmeldungen

Als Fake News werden gezielt platzierte Falschmeldungen bezeichnet, die bewusst manipulativ in den Medien (bevorzugt im Internet) untergebracht werden.

Da der Inhalt der Fake News falsch ist, werden absichtlich Unwahrheiten verbreitet.

Fake News täuschen einen seriösen Inhalt vor, dienen aber gezielt der Manipulation. Obwohl der Begriff Fake News bereits auf das Jahr 1890 zurückführt, wurde er erst seit wenigen Jahren im oben genannten Sinn verstärkt verwendet.

Beispielsweise besteht der Verdacht, dass durch den Einsatz von Fake News sogar politische (Präsidenten-)Wahlen beeinflusst wurden.

Alternative Fakten

Der Begriff schaffte es 2017 auf die Liste der ‚Unwörter des Jahres'.

Die Bezeichnung ist eine irreführende und gleichzeitig verschleiernde Aussage korrekter Daten.

Kellyanne Conway (*1967), eine Beraterin des fünfundvierzigsten US-Präsidenten, hat diesen Begriff 2017 erstmals eingesetzt.

www.unwortdesjahres.net, die diesen Begriff als Unwort festlegten, schreibt dazu:

- „Mit diesem Ausdruck werden Falschbehauptungen salonfähig gemacht und mit Tatsachenbehauptungen auf eine Stufe gehoben."

Überforderung

Der Konsument zeigt sich in der Regel überfordert zu erkennen, was Wahrheit, Halbwahrheit oder Unwahrheit ist.

Die eingesetzte Technik entwickelt sich so unglaublich schnell. Sie arbeitet immer präziser, sodass Manipulationen kaum mehr zu erkennen sind. Für den Laien sowieso nicht.

Selbst wenn ‚ehrbare' Entscheider festlegen, beim Einsatz Künstlicher Intelligenz auf genau diese hinzuweisen, wird es weniger ehrbare Menschen geben, die die Technik – ohne Hinweis auf die Manipulation – nutzen, um den Konsumenten zu täuschen.

Eskalation der Lügen

Auf Dauer ergibt sich die Überlegung: Weshalb Lügen noch verbergen? Das ist doch recht mühsam. Wenn schon eine Alternative gesucht wird – wie wäre es damit, gleich ‚offen' zu lügen? Lügen erleichtern die Kommunikation.

Gut, da werden sich einige, vielleicht sogar viele, aufregen, ist die Lüge zu offensichtlich. Na und? Sollen sie sich doch aufregen! Zumindest wird nun diskutiert und gegenseitig gewettert.

Wer weiß – vielleicht ändert sich durch die geäußerte Lüge doch etwas; zumindest die Einstellung zum (gelogenen) Thema.

Die jüngste Vergangenheit zeigt, wie viele Anhänger Politiker um sich sammeln können, trotz leicht durchschaubarer und entlarvender, ständig geäußerter Lügen.

Die öffentlich gezeigte Verachtung vor der Wahrheit scheint die Anhängerschaft sogar zu vergrößern.

Gefahr durch akzeptierte Lügen

Werden Unwahrheiten/Lügen allgemein erwartet und auf Dauer akzeptiert, würde das das gesellschaftliche Zusammenleben verändern.

Lügen müssten gar nicht mehr geschickt kaschiert werden. Der Lügner, der bisher eine hohe Gedächtnisleistung aufbringen musste, um seine Lügen nicht entlarven zu lassen, könnte sich diese Mühe sparen.

Wie weiter oben beschrieben wird in Verhandlungen, in der Werbung, bei der Selbstdarstellung, im Business, bei Streitereien, vor Gericht und in vielen anderen Situationen häufig die Wahrheit so weit gebeugt, dass von Unwahrheit gesprochen wird.

Fast alle Beteiligten wissen das. Trotzdem hat die Gesellschaft Möglichkeiten gefunden, den Schein nach außen zu wahren und mit (guten) Umgangsformen zu blenden.

Wie viel einfacher wäre es doch, gleich davon auszugehen, dass das Zusammenleben zum größten Teil aus Lügen, Tricksereien, Schummeleien besteht.

Es wäre nicht mehr nötig, dem Gegenüber Märchen zu erzählen. Würde das Bekenntnis zur Unwahrheit das Zusammenleben wahrer machen?

Wahrheiten und Lügen beeinflussen das Unbewusste

„Märchen entspannen und heilen mit Worten.
Sie können ein Schlüssel zu verborgenen Seelenbildern sein.
Man wird wieder aus Himmel und Sternen Bilder machen
und die Spinnweben alter Märchen auf offene Wunden legen.“

Christian Otto Josef Wolfgang Morgenstern, dt. Schriftsteller (1871 - 1914)

Ungute Veränderung der Zukunft

Je nachdem, wie die Wahrheit ausfällt, beeinflusst sie ungewollt die Zukunft.

Das Leben würde anders als bisher. Lügner würden nicht mehr geächtet, sondern akzeptiert. Eigene Lügen würden kein schlechtes Gewissen mehr bereiten. Das Leben würde unbelasteter.

Verzerrung

Die Fachwelt spricht von einer Verzerrung, zum Beispiel der Verzerrung der Wahrheit.

Der US-amerikanischer Soziologe Robert King Merton (1910 - 2003) hat erkannt, dass die Handlung einer Person so verzerrt wird, dass das ‚was sein soll‛ auch ‚ist‛. Hier wird von der Schaffung der ‚sich selbst erfüllenden Prophezeiung‛ gesprochen.

Noah belehrt seinen Freund.

- „Wenn du sagst: ‚Das schaffe ich nicht‛, dann wirst du es nicht schaffen.‟

Noah fügt hinzu:

- „Du beeinflusst dein Ego durch diese Behauptung, die als Tatsache formuliert ist.‟
- „Ja aber, wenn ich doch ein Problem habe‟, stottert der Freund, um seine Aussage zu bekräftigen.

- „Sagst du: ‚Ich habe ein Problem', schaffst du deinem Ego genau diese Wahrheit. Jetzt glaubt dein Inneres tatsächlich ein Problem zu haben."
- „Wie soll ich mich verhalten?", fragt Noahs Freund bekümmert.
- „Formuliere deine Aussagen positiv. Gestalte eine positive Wahrheit."
- „Wie denn?"
- „Zum Beispiel: ‚Ich schaffe das'. Das manipuliert dich selbst – aber im positiven Sinn."
- „Hhm", haucht es zweifelnd aus dem Mund des Freundes.
- „Oder statt ‚Problem' sagst du: ‚Ich habe eine Herausforderung'."
- „Nur durch den Austausch Problem gegen Herausforderung soll es besser werden?"
- „Ja, sicher. Das Wort Herausforderung ist positiv belegt. Eine Herausforderung zeigt, dass sich jemand engagiert an die Bewältigung dieser Herausforderung gibt."

Noah fährt fort:

- „Und außerdem zeigt es den Willen, eine Lösung zu finden. Dem eigenen Gehirn wird dieses Ziel vorgegeben. Darauf stellt sich das Gehirn positiv ein."
- „Und kommt zum Ziel?", fragt der Freund.
- „In der Regel ja, da es seine Wahrheit ist, ein positives Erlebnis zu erzielen."
- „Na gut." Noahs Freund zeigt sich überzeugt.
- „Handhabe es so", bestärkt Noah.
- „Nutze dieses Phänomen der ‚sich selbst erfüllenden Prophezeiung'."

Vorurteil

Weshalb fällt es vielen Menschen so schwer, sich positiv zu beeinflussen? Das ist relativ leicht zu beantworten.

Der Erwachsene hat genügend Erfahrung im zwischenmenschlichen Bereich gesammelt. Er hat Typen kennengelernt, die ihn schlecht behandelt, ihn geschädigt oder belogen haben.

Trifft er nun auf eine Person, die gewisse vergleichbare Äußerlichkeiten wie der Übeltäter von früher zeigt, erklingt sofort ein Warnsignal.

- „Vorsicht! Abstand wahren!"

Der Erwachsene schafft es somit, drohende Gefahr zu erahnen und sie – idealerweise – abzuwenden. Er kann sich in seinem Leben geschützter bewegen.

Aber: Nur, weil einer aussieht wie ein Bösewicht heißt das noch lange nicht, dass er einer ist. Hier wird auch von Vorurteilen gesprochen.

Eine Person schafft sich durch ihre Vorurteile eine eigene Wahrheit. Diese ist subjektiv und mag mit den Gefühlen der Person übereinstimmen. Ob sie der objektiven – der tatsächlichen – Wahrheit entspricht, ist außerordentlich fraglich.

Unvoreingenommenheit

Um dem beschriebenen Effekt weitestgehend zu entgehen, müsste eine Person fast wie eine gefühllose Maschine agieren.

Sieht sie jemanden zum aller ersten Mal, dürften Wertungen wie

- „Der ist sympathisch" oder
- „Wie sieht der denn aus?"

überhaupt nicht durch den Kopf schießen.

Die Person müsste dann die Kraft aufwenden, Gedanken dieser Art nicht zuzulassen. Besser wäre es, jedem dieselbe Chance einzuräumen, egal ob Sympathie vorliegt.

Der Vorteil liegt auf der Hand: Die Person tritt viel mehr Menschen unparteiisch gegenüber als bisher. Sie würde den Menschen die Möglichkeit geben, sich zu entwickeln. Werten beziehungsweise urteilen könnte die Person später immer noch.

Aus der anfänglichen Neutralität kann später die eigene Wahrheit werden.

Der Primacy-Effekt (der Effekt des ersten Eindrucks) zeigt deutlich, dass ein Mensch kaum unvoreingenommen durchs Leben schreiten kann. Unzählige Vorurteile beeinflussen das zwischenmenschliche Verhalten.

Wer es schafft, Vorurteile abzubauen, nähert sich dem Weg des bewussten, positiven Verhaltens.

Epilog

... und wenn sie nicht gestorben sind ...

„Findet die Wahrheit, denn die Wahrheit macht euch frei!"

Albertus Magnus, dt. Gelehrter
(um 1200 - 1280)

... dann leben sie noch heute

Bereits dieses Ende des klassischen Märchens (dann leben sie heute noch) zeigt eine gewisse logische Wahrheit. ‚Sie leben heute noch' kann nicht stimmen, da die Märchen teilweise uralt sind. Deshalb wird vorangeschoben ‚wenn sie nicht gestorben sind'.

Nach dieser langen Zeit müssten alle gestorben sein.

An sich handelt es sich hierbei um eine flache Rhetorik.

- „Alle Angaben entsprechen der Wahrheit, so sie nicht gelogen sind."

Na bravo.

So nachvollziehbar und allgemeingültig diese Aussage ist, so zutreffend gilt sie für die beschriebenen Themen rund um die Wahrheit.

Der Nachbar wünscht:

- „Ich wünsche Ihnen einen guten Tag."

Das ist die Wahrheit, solange nicht gelogen wurde.

- „Ich wünsche Ihnen einen schlechten Tag."

Vielleicht ist es dem Nachbarn auch vollkommen egal, ob der Tag gut oder schlecht für den Angesprochenen verlaufen wird. Wer weiß das schon?

Tja, die meisten Menschen würden behaupten, die Wahrheit der Unwahrheit vorzuziehen. Es ist beruhigend, in einem wahren Umfeld zu leben.

Ein französisches Sprichwort allerdings behauptet:

- „Nur die Wahrheit kann verletzen."

Nicht, dass Wahrheit verletzen könnte, sondern nur die Wahrheit. Die Unwahrheit verletzt nicht?

Ist es deshalb bequemer, manchmal haarscharf an der Wahrheit ‚vorbeizurutschen'?

Nun, jeder kann und soll sich entscheiden, wie er es mit der Wahrheit hält.

Schön wäre es, sich auf die Aussage des Gesprächspartners verlassen zu können. Je höher das Vertrauen, desto wahrscheinlicher ist es, dass Wahrheiten ausgetauscht werden.

Dem früheren deutschen Bundespräsidenten Theodor Heuss (1884 – 1963) wird folgendes Zitat zugeschrieben:

- „Wer immer die Wahrheit sagt, kann sich ein schlechtes Gedächtnis leisten."

Das hat den Vorteil, dass sich der Wahrheitsliebende keine Lügen-Märchen ausdenken muss, um seine verborgene Wahrheit zu schützen.

Der Appell kann nur lauten, die Unwahrheit ‚links liegen zu lassen'. Allerdings machte der irische Schriftsteller Jonathan Swift (1667 – 1745) auf folgendes Phänomen aufmerksam:

- „Die Lüge fliegt, die Wahrheit humpelt ihr hinterher."

Wie passend in der heutigen Zeit, in der viele Menschen mit Fake News konfrontiert sind, in denen sie auf Unwahrheiten hereinfallen. Dummerweise verteilen sich die falschen Nachrichten unglaublich schnell, schneller als Wahrheiten.

Umso wichtiger der Appell für den Wahrheitssuchenden und/oder den Wahrheitsliebenden: Bleiben Sie so nahe wie möglich bei der Wahrheit, wenn es manchmal auch schwerfällt. Auch dann, wenn sie manchmal verletzten sollte oder Unschönes an den Tag befördert.

In diesem Zusammenhang sei auf ein altes Sprichwort aufmerksam gemacht, das auf ein gewisses Risiko hinweist:

- „Der Wahrheitsliebende wird aus der Stadt gejagt."

Aber, glücklicherweise wird nur von Risiko gesprochen – also nicht von Garantie.

Deshalb: Guten Erfolg beim Finden der Wahrheit und deren Weitertragen. Auf dass Sie nicht aus der Stadt gejagt werden und gleichzeitig entstehende Unwahrheiten um Sie herum schnell entlarven können.

Horst Hanisch

Knigge als Synonym und als Namensgeber

Umgang mit Menschen

„Suche weniger selbst zu glänzen,
als andern Gelegenheit zu geben,
sich von vorteilhaften Seiten zu zeigen,
wenn Du gelobt werden und gefallen willst.“

Adolph Freiherr Knigge, aus dem Buch „Über den Umgang mit Menschen“, 1788
(1752 - 1796)

Das Böse lauert im Märchen

Die Märchen aus ‚grauer' Vorzeit zeigen, wie der ‚einfache' Mensch gegen die übergroßen Kräfte des Bösen kämpfen musste.

Im Märchen erscheinen durchtriebene Feen, böse Stiefmütter (Entschuldigung an die lieben Stiefmütter), ja sogar der Teufel tritt hin und wieder persönlich auf.

Wie schlimm und unsicher muss die Welt der Vorfahren gewesen sein, mussten sie sich doch ständig gegen Verlockung, Neid und Intrigen wehren.

Adolph Freiherr Knigge

Adolph Freiherr Knigge (1752 – 1796) beobachtete den zwischenmenschlichen Umgang. Er veröffentlichte gut gemeinte Tipps, um das Zusammenleben harmonisch(er) ablaufen zu lassen.

Schon zu seinen Lebzeiten war er bei vielen Zeitgenossen umstritten. Knigge setzte sich durch sein energisches Eintreten für die Ziele der Aufklärung, so wie er sie verstand, scharfen Angriffen aus. Er arbeitete als Romanschriftsteller und Satiriker, sowie als politischer Schriftsteller. Er gehörte den Freimaurern an.

Heute ist Knigge vor allem durch sein Buch ‚Über den Umgang mit Menschen' (1788) bekannt. Und zwar deswegen, weil sein Werk als Etikette-Buch angesehen wird. Knigge verdankt seinen heutigen Ruf und Erfolg aber einem Missverständnis. Denn: Das Werk Adolph Freiherr Knigges gilt als Etikette-Buch ersten Ranges.

Allerdings beschreibt Knigge keine Regeln wie mit Besteck umzugehen ist, oder das Verhalten bei Tisch, stattdessen offenbart er eine praktische Lebensphilosophie im Umgang mit Mitmenschen.

Er gibt Anleitungen und Anregungen, wie mit seinen Mitmenschen zwischenmenschlich harmonisch und ‚richtig' umzugehen ist. Knigge hoffte damit, dass die Menschen glücklich und froh miteinander leben könnten.

Sein Buch erschien 1788 und war schon nach kurzer Zeit in fast allen Haushalten zu finden. Über 200 Jahre lang prägte sich sein Buch im Bewusstsein der Leser als praktisches Handbuch über gutes Benehmen ein. In drei Teilen seines Buchs hat Knigge über den Umgang mit verschiedenen Menschengruppen geschrieben, zum Beispiel:

- Über den Umgang mit Leuten von verschiedenen Gemütsarten, Temperamenten und Stimmungen des Geistes und des Herzens (Erster Teil, 3. Kapitel).
- Über das Verhältnis zwischen Wohltätern und denen, welche Wohltaten empfangen, wie auch unter Lehrern und Schülern, Gläubigern und Schuldnern (Zweiter Teil, 10. Kapitel).
- Über den Umgang mit den Großen der Erde, mit Fürsten, Vornehmen und Reichen (Dritter Teil, 1. Kapitel).

Obwohl es heute klar ist, dass Knigge anderes verfolgte, als heutzutage unter seinem Namen verstanden wird, soll ‚Knigge' als Synonym für den Bereich stehen, dem sich das vorliegende Buch widmet.

Wie könnte in der Gesellschaft ein vernünftiger Umgang untereinander und das soziale Miteinander ohne gegenseitiges Verstehen funktionieren? Der Wunsch nach mehr Respekt, gegenseitiger Wertschätzung und harmonisch zwischenmenschlichem Umgang ist deutlich angesagt.

Listige Realität

Trotz aller Bemühungen ist es nach wie vor nicht gelungen, das Hinterhältige, Egoistische oder Rücksichtslose in der menschlichen Gesellschaft verschwinden zu lassen.

Im Gegenteil: Immer häufiger wird von zunehmendem, verständnislosem und aggressivem Verhalten anderen gegenüber berichtet.

Selbst im beruflichen Miteinander bleiben diese Listigkeiten und Hinterhältigkeit gegenüber Kollegen und Kolleginnen, Kunden und Kundinnen, sowie Vorgesetzten und Mitarbeitenden nicht aus.

Es entpuppt sich als Märchen anzunehmen, dass jegliches Lächeln als Freundlichkeit zu deuten ist.

Dieser Ratgeber soll helfen, die Märchen des vorgespielten harmonischen Miteinanders zu entlarven.

Die ‚echten' Absichten sollen erkannt werden. Somit soll es der Leserin und dem Leser Unterstützung an die Hand geben, rhetorische Tricks zu durchschauen und sich dagegen wappnen zu können.

Knigge erzählte keine Märchen. Er ließ Leser und Leserinnen am tatsächlichen und gewünschten gesellschaftlichen und beruflichen Miteinander teilnehmen. Das soll mit diesem Ratgeber ebenso erfolgen.

So sei Knigge mit seinen Überlegungen zum besseren Zusammenleben gewürdigt.

Stichwortverzeichnis

Ratgeber im kompakten 12x19-Format

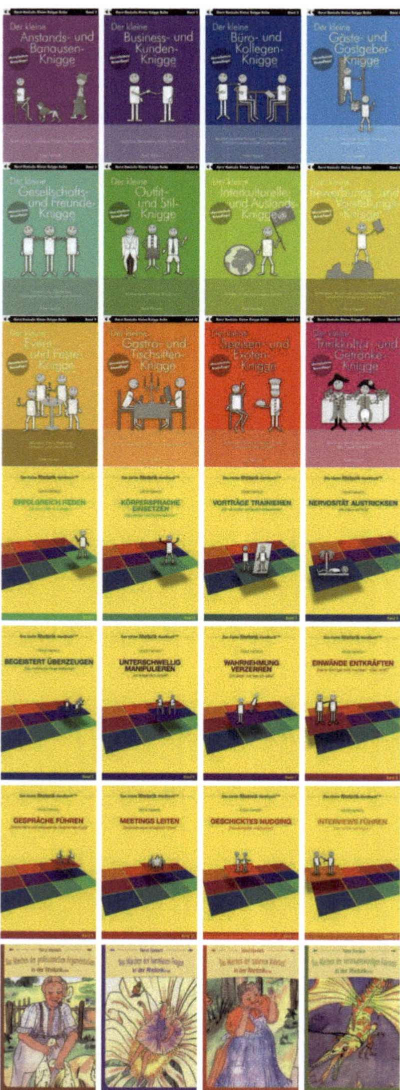

Der kleine ... -Knigge 2100

Anstands- und Banausen-...
Business- und Kunden-...
Büro- und Kollegen-...
Gäste- und Gastgeber-...
Gesellschafts- und Freunde-...
Outfit- und Stil-...
Interkulturelle- und Auslands-...
Bewerbungs- und Vorstellungs-...
Event- und Feste-...
Gastro- und Tischsitten-...
Speisen- und Exoten-...
Trinkkultur- und Getränke-...
Je 88 Seiten

Das kleine Handbuch der Rhetorik 2100

Erfolgreich reden
Körpersprache einsetzen
Vorträge trainieren
Nervosität austricksen
Begeistert überzeugen
Unterschwellig manipulieren
Wahrnehmung verzerren
Einwände entkräften
Gespräche führen
Meetings leiten
Geschicktes Nudging
Interviews führen
Je 100 Seiten

Das Märchen der ...
professionellen Argumentation
harmlosen Fragen
sauberen Wahrheit
vertrauenswürdigen Fairness
... in der Rhetorik 2100
Je 100 Seiten

Ratgeber-Reihe

Ego-Knigge 2100
Persönlichkeits-Management
Stress-Management
Zeit-Management
Gedächtnis-Management

Lebenseinstellung
Aberglauben-Knigge 2100
Lügen- und Egoismus-Knigge 2100
Glücks-Knigge 2100
Angst- und Optimismus-Knigge 2100

Bräutigam, Braut, Brautpaar
Bräutigam-Knigge 2100
Braut-Knigge 2100
Brautpaar-Knigge 2100

Selbst-Coaching
Selbstbewusstsein Knigge 2100
Selbstwertgefühl Knigge 2100
Selbstoptimierung Knigge 2100

Bewerbungs-Knigge 2100
Für Frauen – Tina bewirbt sich
Für Männer – Tom bewirbt
Tina und Tom bewerben sich digital

Kreativität und Team
Kreativitäts-Knigge 2100
Team- und Typ-Knigge 2100
Generation X und Y
Die flotte Generation Y im 21. Jahrhundert
Die aktive Generation Z im 21. Jahrhundert

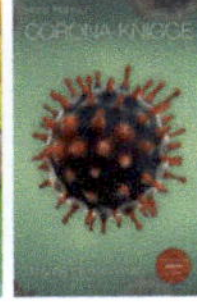

Ratgeber 12x19-Format
Das kleine Knigge-Quiz 2100
Corona-Knigge 2100

Leben und Lifestyle

Adam allein auf der Welt Knigge 2100
Jugend-Knigge 2100
Zukunfts-Knigge 2100
KI-Knigge 2100
Wertschätzung-Knigge 2100
Hochzeits-Knigge 2100
Ü65- und Senioren-Knigge 2100
Blumen-Knigge 2100
Bekleidung! Ausdruck der Persönlichkeit – Lukas' Outfit-Knigge 2100
Nudel-Knigge 2100
Der Interkulturelle Kompetenz-Knigge 2100
China-Deutschland-Knigge 2100
Dschungel-Knigge 2100
Von alles guten Geistern verlassen-Knigge 2100

Der Dicke-Knigge 2100
Typisch Frau – Typisch Mann Knigge 2100
Kulinarischer und Gastronomischer Knigge 2100
Klo- und Pinkel-Knigge 2100
Omi hüpf' mal
Der Hunde-Knigge 2100
Welcome to Germany-Knigge 2100
Besuch willkommen Knigge 2100
Last List Leid 2100
Mensch Macht Mörder 2100
Tod, Trauer, Totenkult-Knigge 2100

Rhetorik, Soft Skills, Hochschule, Beruf

Englisch:

Rhetorik ist Silber
Moderation ist Gold
Lebhafte Körpersprache
Rhetoric – Mastering the Art of Persuasion
Discussion – Mastering the Skills of Moderation
Body Language in Europe
Das große Buch der Kommunikation und der Gesprächsführung 2100
Das große Buch der Rhetorik 2100
Trickreiche Rhetorik 2100
Körpersprache 2100 – Lüge, Verrat, Macht
Soft Skills-Knigge 2100
Die moderne Führungskraft 2100
Schlagfertigkeit-, Spontaneität-, Stegreif-Knigge 2100
Pitch Skills und Überzeugungs-Knigge 2100
Smalltalk-Knigge 2100
Quassel-Knigge 2100
Studenten- und Hochschul-Knigge 2100
Jugend-Karriere-Knigge 2100
Emotionale Rhetorik im Leben und rund um den Tod 2100
Innere Rhetorik 2100
Kriegerische Rhetorik 2100
Blumige Rhetorik 2100
Tele-Meeting 2100
Alles hat seine Zeit – Knigge 2100

Beratung, Coaching, Seminar

Wer hat nicht gerne mit Menschen zu tun, die selbstbewusst und selbstsicher mit anderen Menschen umgehen? Geschäftspartnern, die die elementaren Regeln des ‚Benimms' beherrschen, stehen die Türen zum Erfolg offen. Unternehmen, die neben ihrer fachlichen Leistung auch ‚menschlich' überzeugen wollen, bieten wir für ihre Mitarbeiterinnen und Mitarbeiter aktives Training im Umgang mit Kunden, Gästen, Kollegen und Gesprächspartnern an.

Auf unserer Website informieren wir Sie über unsere Angebote:

- Firmen-Internes-Training
  - → Business-Etikette und das Lehrmenü
  - → Präsentieren, Moderieren, Kommunizieren
  - → Körpersprache und ihre Geheimnisse
  - → Teuflische Rhetorik und das Erkennen manipulativer Aspekte
  - → Flottes Reden vor und zu anderen
  - → Der erste entscheidende Eindruck
- Interkulturelles Training
- Intensiv-Training für
  - → TV-Auftritte
  - → Vorträge
  - → Präsentationen
  - → Reden
- Fachliteratur und journalistische Beiträge
- Vorträge/Speaker
  - → Vor kleinem und vor großem Publikum
- Workshops
  - → Soft Skills
  - → Team-Training

Individuelles Coaching für Einzelpersonen: Wer es ganz individuell mag, greift zurück auf ein Einzel-Coaching, auch als Online-Coaching. Hier werden ganz persönliche Herausforderungen angegangen, mit Themen wie:

- → Erscheinungsbild – Der Erste Eindruck
- → Selbstsicheres und authentisches Auftreten
- → Persönlichkeitsentfaltung
- → Bewerbungstraining
- → Rhetorik und Überzeugungskraft

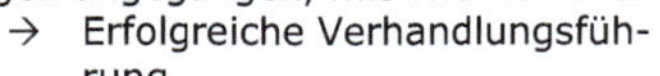

- → Erfolgreiche Verhandlungsführung
- → Kommunikation und Konfliktbewältigung
- → Präsentations-Techniken und Moderation
- → Interkulturelle Kompetenz

und andere Themen – direkt auf die besonderen Bedürfnisse des Einzelnen zugeschnitten. Besuchen Sie uns auf www.knigge-seminare.de